Gianluca Ferrara

La tecnologia in Sanità

AF153186

Gianluca Ferrara

La tecnologia in Sanità

concetti base e casi di studio

Edizioni Accademiche Italiane

Impressum / Stampa

Bibliografische Information der Deutschen Nationalbibliothek: Die Deutsche Nationalbibliothek verzeichnet diese Publikation in der Deutschen Nationalbibliografie; detaillierte bibliografische Daten sind im Internet über http://dnb.d-nb.de abrufbar. Alle in diesem Buch genannten Marken und Produktnamen unterliegen warenzeichen-, marken- oder patentrechtlichem Schutz bzw. sind Warenzeichen oder eingetragene Warenzeichen der jeweiligen Inhaber. Die Wiedergabe von Marken, Produktnamen, Gebrauchsnamen, Handelsnamen, Warenbezeichnungen u.s.w. in diesem Werk berechtigt auch ohne besondere Kennzeichnung nicht zu der Annahme, dass solche Namen im Sinne der Warenzeichen- und Markenschutzgesetzgebung als frei zu betrachten wären und daher von jedermann benutzt werden dürften.

Informazione bibliografica pubblicata da Deutsche Nationalbibliothek (Biblioteca Nazionale Tedesca): la Deutsche Nationalbibliothek novera questa pubblicazione su Deutsche Nationalbibliografie. Dati bibliografici più dettagliati sono disponibili in internet al sito web http://dnb.d-nb.de.
Tutti i nomi di marchi e di prodotti riportati in questo libro sono protetti dalla normativa sul diritto d'Autore e dalla normativa a tutela dei marchi. Questi appartengono esclusivamente ai legittimi proprietari. L'uso di nomi di marchi, di nomi di prodotti, di nomi famosi, di nomi commerciali, di descrizioni dei prodotti, ecc. anche se trovati senza un particolare contrassegno in queste pubblicazioni, sono considerati violazione del diritto d'autore e pertanto non possono essere utilizzati da chiunque.

Coverbild / Immagine di copertina: www.ingimage.com

Verlag / Editore:
Edizioni Accademiche Italiane
ist ein Imprint der / è un marchio di
OmniScriptum GmbH & Co. KG
Heinrich-Böcking-Str. 6-8, 66121 Saarbrücken, Deutschland / Germania
Email / Posta Elettronica: info@edizioni-ai.com

Herstellung: siehe letzte Seite /
Pubblicato: vedi ultima pagina
ISBN: 978-3-639-65722-7

Zugl. / Approved by: Roma, Università Internazionale di Roma, 2013

Copyright © 2014 OmniScriptum GmbH & Co. KG
Alle Rechte vorbehalten. / Tutti i diritti riservati. Saarbrücken 2014

La tecnologia in Sanità

Concetti base e casi di studio

Indice

INTRODUZIONE

Nel corso degli anni si è assistito in ambito sanitario all'introduzione di molti sistemi informatici che hanno avuto la finalità di soddisfare le specifiche esigenze operative e gestionali di situazioni importanti nell'ambiente sanitario ma pur sempre limitate. L'implementazione di tali sistemi è avvenuta nelle singole realtà prescindendo da qualsiasi logica d'integrazione con i sistemi già esistenti in altri servizi o realtà cliniche, per cui le informazioni digitali generate nei laboratori, nei servizi diagnostici, nei reparti o negli ambulatori non sono condivise o distribuite, e non divengono quindi patrimonio comune dell'intera organizzazione sanitaria per essere accessibili dove e quando sia necessario ai diversi operatori, ma rimangono confinate nei sistemi informatici che le hanno generate. Le Aziende Sanitarie e Ospedaliere hanno da sempre come obiettivo quello di raggiungere l'efficacia clinica e l'efficienza gestionale e questo sarà possibile attraverso l'implementazione di un sistema informativo clinico integrato con gli altri sistemi informativi ospedalieri, sanitari e amministrativi. La gestione e il controllo della salute sono basati sull'uso, la trasmissione e il confronto di una grande quantità di dati, informazioni e conoscenze eterogenei, con un bisogno crescente di scambiare dati, sia all'interno di una struttura sanitaria (tra i diversi soggetti e tra unità operative specializzate), sia tra strutture anche geograficamente distanti.

Questo dato trova una spiegazione principalmente in una maggiore condivisione degli obiettivi tra la Direzione Strategica e i Responsabili dei Sistemi Informativi e una crescente sensibilizzazione dei vertici aziendali verso le tematiche tecnologiche.

Il tracciamento dei dati clinici consente, infatti, l'ottimizzazione dei processi di cura e il coordinamento tra gli operatori, con indubbi vantaggi per il paziente. E', quindi, importante comprendere come sia fondamentale implementare e gestire la cartella clinica elettronica e come realizzarne l'integrazione con gli altri applicativi e sistemi informativi sanitari e ospedalieri.

Nel primo capitolo verrà presentato il percorso storico generale del Sistema Sanitario Nazionale Italiano, esaminando le difficoltà economiche e le tre riforme che hanno avvicinato la gestione della Sanità pubblica a quella di un'azienda privata. Viene spiegato come l'introduzione di un nuovo servizio interno all'ospedale quale l'Information Technology abbia permesso e stia permettendo di contenere i costi di esercizio delle strutture ospedaliere, attraverso il miglioramento dei servizi amministrativi, organizzativi e clinici. Verrà infine introdotto il concetto di interoperabilità e integrazione mediante l'utilizzo di standard tra i sistemi informatici esistenti.

Nel secondo capitolo viene presentata l'iniziativa di IHE (Integrating the Healthcare Enterprise) che si propone di definire le linee guida per l'integrazione tra i diversi sistemi informativi sanitari con dei Profili di Integrazione definiti e descritti nei Technical Framework, con particolare attenzione per il profilo XDS. Verranno presentati gli Standard più utilizzati nel settore sanitario: CDA, DICOM e HL7. Il CDA (Clinical Document Architecture) è uno standard per i markup dei documenti (i tag) clinici che specifica la struttura semantica da utilizzare all'interno del XML stabilendo il nome degli elementi del file XML che conterranno i dati. Un documento CDA è quindi un XML composto da un'intestazione, denominata header, e da un corpo, denominato body. Il presente documento specifica in dettaglio quali elementi XML devono necessariamente comporre i documenti di raccolta e gestione e quali possono invece essere utilizzati opzionalmente, precisando altresì il tipo ed il valore dei rispettivi attributi. Un documento CDA rappresenta un oggetto di informazione completo che può contenere testo, immagine, suoni ed altri contenuti multimediali; il DICOM (Digital Imaging and Communication in Medicine) è lo standard che definisce i criteri per la comunicazione, la visualizzazione, l'archiviazione e la stampa di informazioni di tipo biomedico quali ad esempio immagini radiologiche; HL7 è lo standard per la comunicazione di messaggi nel settore dell'ICT in sanità.

Nel terzo capitolo viene introdotto e descritto l'**HOSPITAL INFORMATION SYSTEM**, ovvero i presupposti e le metodologie alla base della costruzione di un sistema informativo ospedaliero. Verrà dato risalto all'importanza che assume la definizione di un'anagrafica unica degli assistiti che rappresenta la base essenziale ed insostituibile per la creazione di un repository diagnostico che riporti i referti prodotti. E' poi analizzato il sistema di gestione dei pazienti con le diversi componenti che sono parte del sistema globale dell'HIS ed infine si evidenzia il ruolo cruciale che un sistema come quello descritto riveste nell'ambito del controllo e dell'analisi dei costi.

Il Capitolo 4 è dedicato all'analisi di costituzione di un **Fascicolo Sanitario Elettronico**, spostando quindi l'attenzione dall'interno di un'azienda ospedaliera verso un respiro più ampio multiaziendale, regionale e nazionale, evidenziando i contenuti e lo stato di attuazione del FSE in Italia.

Infine il capitolo 5 riporta un caso attuale di informatizzazione in Sanità, con l'esperienza degli IFO – IRCCS Istituto Nazionale Tumori Regina Elena ed Istituto Dermatologico San Gallicano di Roma, con la rappresentazione degli sforzi effettuati e dei risultati raggiunti in un contesto aziendale ospedaliero come quello descritto con la peculiarità di più realtà assistenziali e di ricerca all'interno dello stesso Ente.

I - IL SISTEMA SANITARIO NAZIONALE ITALIANO

Il Servizio Sanitario Nazionale (in acronimo SSN), nell'ordinamento giuridico italiano, identifica un sistema di strutture e servizi che hanno lo scopo di garantire a tutti i cittadini, in condizioni di uguaglianza, l'accesso universale all'erogazione equa delle prestazioni sanitarie, in attuazione dell'art.32 della Costituzione:

"La Repubblica tutela la salute come fondamentale diritto dell'individuo e interesse della collettività, e garantisce cure gratuite agli indigenti. Nessuno può essere obbligato a un determinato trattamento sanitario se non per disposizione di legge. La legge non può in nessun caso violare i limiti imposti dal rispetto della persona umana".

Nel 1978 la legge n. 833 ("riforma sanitaria") soppresse il sistema mutualistico ed istituì il Servizio Sanitario Nazionale, con decorrenza del 1° luglio 1980 (la cosiddetta "Riforma Sanitaria"). I principi fondamentali su cui si basa il SSN dalla sua istituzione sono l'universalità, l'uguaglianza e l'equità.

Universalità

Indica che le prestazioni sanitarie devono essere estese a tutta la popolazione in osservanza del nuovo concetto di salute introdotto dalla legge di istituzione del SSN. La salute, a partire dal 1978, è stata intesa infatti non soltanto come bene individuale ma soprattutto come risorsa della comunità.

Il Servizio Sanitario Nazionale nella pratica applica questo principio attraverso la promozione, il mantenimento e il recupero della salute fisica e psichica di tutta la popolazione con una organizzazione capillare sul territorio nazionale i cui servizi sono erogati dalle Aziende sanitarie locali, dalle Aziende ospedaliere e da strutture private convenzionate con il SSN. Tutti garantiscono, in modo uniforme, i **L**ivelli **e**ssenziali di **a**ssistenza (Lea) alla popolazione.

Uguaglianza

I cittadini devono accedere alle prestazioni del SSN senza nessuna distinzione di condizioni individuali, sociali ed economiche. Ai cittadini, che non appartengono a categorie esenti, è richiesto il pagamento di un ticket che varia per ogni singola prestazione prevista dai Lea.

Equità

A tutti i cittadini deve essere garantita parità di accesso in rapporto a uguali bisogni di salute. Questo è il principio fondamentale che ha il fine di superare le diseguaglianze di accesso dei cittadini alle prestazioni sanitarie. Per la sua applicazione è necessario:

- garantire a tutti qualità, efficienza, appropriatezza e trasparenza del servizio e in particolare delle prestazioni;

- fornire, da parte del medico, infermiere e operatore sanitario, una comunicazione corretta sulla prestazione sanitaria necessaria per il cittadino e adeguata al suo grado di istruzione e comprensione (consenso informato, presa in carico).

I principi fondamentali del SSN vengono affiancati dai ***principi organizzativi*** che sono basilari per la programmazione sanitaria. I più importanti sono elencati di seguito.

Centralità della persona

Si estrinseca in una serie di diritti esercitabili da parte dei singoli cittadini e che rappresentano dei doveri per tutti gli operatori sanitari, dal medico a chi programma l'assistenza territoriale. I diritti principali sono:

- libertà di scelta del luogo di cura;

- diritto a essere informato sulla malattia;

- diritto a essere informato sulla terapia ed ha la facoltà di opporsi oppure dare il consenso alla terapia stessa (consenso informato);

- diritto del paziente di "essere preso in carico" dal medico o dall'équipe sanitaria durante tutto il percorso terapeutico;

- diritto alla riservatezza;

- dovere della programmazione sanitaria di anteporre la tutela della salute dei cittadini (che rappresenta il motivo principale dell'istituzione del SSN) a tutte le scelte, compatibilmente alle risorse economiche disponibili.

Responsabilità pubblica per la tutela del diritto alla salute

La Costituzione prevede per la tutela della salute competenze legislative dello Stato e delle Regioni. Lo Stato determina i Lea che devono essere garantiti su tutto il territorio nazionale. Mentre le Regioni programmano e gestiscono in piena autonomia la sanità nell'ambito territoriale di loro competenza.

Collaborazione tra i livelli di governo del SSN

Stato, Regioni, Aziende e Comuni, nei rispettivi ambiti di competenze, devono collaborare tra di loro, con l'obiettivo di assicurare condizioni e garanzie di salute uniformi su tutto il territorio nazionale e livelli delle prestazioni sanitarie accettabili e appropriate per tutti i cittadini.

Valorizzazione della professionalità degli operatori sanitari

La professionalità dei medici e infermieri, non solo in senso tecnico, ma anche come capacità di interagire con i pazienti e rapportarsi con i colleghi nel lavoro di équipe, è determinante ai fini della qualità e dell'appropriatezza delle prestazioni.

Integrazione socio-sanitaria

È un dovere integrare l'assistenza sanitaria e quella sociale quando il cittadino richiede prestazioni sanitarie e, insieme, protezione sociale che deve garantire, anche per lunghi periodi, continuità tra cura e riabilitazione.

Il modello "aziendale" in Sanità

Gli elementi caratterizzanti la Riforma Sanitaria furono sostanzialmente tre:

1. Il sistema sanitario italiano veniva trasformato da assistenzialistico in universalistico sotto il totale controllo dello Stato centrale, che forniva a tutti i cittadini, in modo indistinto, tutte le prestazioni sanitarie che era in grado di erogare.

2. Il sistema di finanziamento passava da quello contributivo di categoria a quello della fiscalità generale e massimizzava il concetto di equità contributiva e distributiva. Tutti i cittadini, pagavano in base al reddito ed erano poi eguali nella fruizione dei servizi.

3. Tutto il sistema veniva decentrato a livello locale attraverso le Unità Sanitarie Locali, governate da un Comitato di Gestione nominato dai Consigli Comunali cui il territorio apparteneva. Si realizzava così la parte più "politica" della riforma, che dava ai Sindaci il potere di nominare i gestori della Sanità Pubblica.

La grande riforma del 1978 impiegò circa un decennio per giungere a regime soprattutto perché la nuova definizione delle competenze e delle gerarchie, furono decisamente difficili e problematiche. I problemi di cattivo funzionamento del SSN italiano dopo la legge 833 sono derivati fondamentalmente da due motivazioni, rappresentate dall'eccessiva ingerenza della politica del sistema e dall'assoluta mancanza di rilevanza al problema del finanziamento. Lo Stato Italiano infatti scelse di finanziare il sistema "a piè di lista", in base ai costi sostenuti per il funzionamento definiti solo a posteriori. L'Italia decise che il SSN dovesse essere lasciato fuori da un teorico "mercato" della salute. Nel periodo compreso tra l'emanazione della 833 e la sua completa applicazione, fino al 1992, quindi quasi per 15 anni, la quota di PIL destinata ai Servizi Sanitari continuò a crescere in maniera significativa, senza il benché minimo controllo sull'efficienza dei servizi stessi. Il SSN è diventato, quindi, l'istituzione più importante e complessa del sistema sanitario, rappresentando altresì un'importante fonte di occupazione.

Il Servizio Sanitario Nazionale viene definito come un complesso di funzioni, di strutture, di servizi e di attività: un sistema formato da più parti interagenti tra loro per produrre un determinato bene o servizio. Viene quindi identificato come obiettivo principale la prevenzione, il mantenimento ed il recupero della salute fisica e psichica di tutta la popolazione senza distinzione di condizioni individuali e sociali.

Gli obiettivi e le finalità del SSN sono riportati nell'art. 2 della L 833/78 in cui si evince che dal punto di vista istituzionale è stato articolato in tre livelli poi mantenuti nelle successive riforme:

1. Livello nazionale (statale o centrale) composto a sua volta da:
   a. organi di indirizzo (Parlamento, Consiglio dei Ministri, Ministero della sanità, Comitato interministeriale per la programmazione economica);
   b. organi ausiliari tecnico-scientifici, con funzioni di studio, di proposta di consultazione e, per certi aspetti, di amministrazione attiva (Consiglio Sanitario Nazionale, Istituto Superiore di Sanità, Istituto Superiore per la Prevenzione e la Sicurezza del lavoro);
2. Livello regionale (o intermedio) per l'esercizio delle funzioni legislative in materia di assistenza sanitaria (soprattutto sul piano organizzativo) nel rispetto dei principi fondamentali stabiliti dalle leggi dello Stato e per l'espletamento di funzioni amministrative proprie o delegate dallo Stato;
3. Livello locale (periferico o territoriale) cui fanno parte i Comuni, le Associazioni dei Comuni e le Comunità montane per l'erogazione dei servizi sanitari tramite le Unità sanitarie locali (USL) ed i Distretti sanitari di base.

Le criticità della prima riforma sanitaria

La Legge di riforma sanitaria del 1978 non ebbe grande successo non tanto per errori concettuali d'impostazione ma a causa della complessità ad attuare ulteriori adempimenti da parte dello Stato, delle Regioni e delle stesse USL.

Data la mancanza di indici e standard minimi di assistenza (LEA), alcune Regioni hanno prodigato nella creazione di presidi e servizi sanitari, con spese elevate che hanno gravato enormemente sull'erario pubblico e quindi sulla collettività. Tutti questi motivi, uniti alla grave crisi economica del Paese dovuta alla svalutazione della lira nel settembre del 1992, hanno portato alla promulgazione di una legge-delega (L 421/92) che aveva come obiettivo prioritario la Riforma della previdenza, della finanza locale, della funzione pubblica e della sanità, realizzata dal Governo con il D.Lgs 502/92 riguardante il "Riordino della disciplina in materia sanitaria" che, con le modifiche introdotte l'anno successivo (D.Lgs. 517/93), può essere considerata la **seconda riforma sanitaria italiana**. Tali leggi, non modificavano l'assetto universalistico e di equità contributiva e distributiva disegnato dalla riforma del '78, ma introducevano nella sanità il concetto di mercato, di azienda, di efficienza e di controllo ai gestione. Il governo delle Unità Sanitarie Locali, che mutavano il loro nome in Aziende Sanitarie, passava dalla gestione dei politici locali a quella dei "managers" nominati dal Governo Regionale sulla base di competenze aziendali certificate. I poteri decisionali venivano fortemente accentrati su questa figura manageriale, coadiuvata da una Direzione Amministrativa ed una Sanitaria, responsabile del raggiungimento di obiettivi sanitari ed economici posti dalla Regione. Il manager sottoscrive un contratto quinquennale ed è sottoposto a verifica annuale dalla Regione, che può sostituirlo se non rispetta gli obiettivi a lui conferiti.

La vera rivoluzione delle leggi del 1992 fu l'introduzione, per le aziende sanitarie, *dell'obbligo di tenere una contabilità analitica per Centro di Costo*. In tal modo ogni struttura del SSN, che ormai assumeva comunque forti caratteri di regionalizzazione, con differenze anche molto spiccate tra diverse regioni, diventava un nucleo di spesa e produzione controllabile e finanziato attraverso lo stesso sistema di obiettivi predeterminati dal Direttore Generale di concerto con il Responsabile della struttura stessa. Viene quindi a prendere corpo il disegno di una architettura "gerarchico-funzionale", in cui il Direttore Generale esercita il controllo di gestione attraverso uno strumento tipico del mercato della produzione dei beni (la discussione annuale del "budget"), assegnato ad ogni singola struttura sulla base di obiettivi predeterminati, in linea con gli obiettivi generali dell'Azienda. Ogni Centro di Responsabilità ed ogni Centro di Costo tiene un suo bilancio annuale e attraverso il Responsabile, risponde al Direttore Generale di eventuali scostamenti. Occorre però sottolineare che la situazione è notevolmente cambiata rispetto alla 833: la sanità rientra, almeno in teoria, nel mercato dei servizi, ed automaticamente si prende coscienza di uno degli assiomi dell'economia, vale a dire scarsità delle risorse disponibili rispetto ai bisogni ed alla domanda, e della necessità conseguente di introdurre i concetti di efficienza di produzione ed allocativa.

L'Azienda Sanitaria

L'azienda è un istituto economico che nasce con la finalità di soddisfare i bisogni di chi la costituisce e, a tale scopo, sviluppa e gestisce operazioni di produzione di beni economici, cioè di merci e di servizi (Airoldi et al, 1994).

Gli obiettivi di chi costituisce un'azienda non sono sempre e solo rappresentati dai profitti finanziari; possono riguardare anche l'aiuto a vivere meglio (aziende non profit) e, nel caso di aziende sanitarie pubbliche, il soddisfacimento dei bisogni sanitari di una popolazione.

L'attività di produzione di beni e servizi non rappresenta quindi il fine dell'azienda ma piuttosto il mezzo con cui giunge al soddisfacimento delle finalità dell'azienda stessa.

L'aziendalizzazione, introdotta nel servizio sanitario italiano nel 1992, col riconoscimento del carattere di aziende alle organizzazioni sanitarie voleva:

- ottenere una maggiore separazione dei poteri di indirizzo, proprio degli organismi politici, da quello di gestione, che vengono attribuiti agli organismi aziendali e in particolare al direttore generale;
- dare maggiori flessibilità ed autonomia nel rispondere a situazioni specifiche; ad esempio il bilancio preventivo non è più, come prima, una autorizzazione vincolante alle spese ed è teoricamente possibile spostare risorse tra i capitoli di bilancio;
- cominciare a valutare quanto meno la produttività, intesa come rapporti tra costi e ricavi, ad esempio negli ospedali mediante l'introduzione dei DRG;
- introdurre elementi di competizione tra le organizzazioni sanitarie, ad esempio mediante l'obbligo delle organizzazioni sanitarie di rimborsare alle altre aziende il trattamento dei pazienti residenti nella loro area.

L'aziendalizzazione ha favorito la razionalizzazione delle attività sanitarie e le iniziative di valutazione e miglioramento della qualità. Vanno però tenute presenti alcune caratteristiche peculiari del sistema sanitario e del sistema politico italiano che hanno reso parziale e peculiare il processo di aziendalizzazione.Nel 1999 viene promulgata una **terza legge di riforma**, la L. 229/99, nota con il nome del Ministro Bindi. I contenuti fondamentali della riforma non sono molto difformi da quelli delle precedenti leggi del '92, ma normano in maniera molto più precisa e rigida l'architettura gerarchico-funzionale del sistema, introducendo anche un elemento prima mancante, rappresentato dal Collegio di Direzione, organo tecnico ma con poteri decisionali abbastanza forti. La sua maggiore innovazione consisteva invece nell'introduzione di un discreto potere decisionale agli operatori sanitari, e nella più netta definizione tra Aziende Ospedaliere e Territoriali ed anche il complesso rapporto tra SSN ed Università veniva posto in luce.

1.2 ICT E SANITA'

1.2.1 L'Information Communication Technology (ICT)

Per sua natura il settore della ICT è un campo estremamente dinamico ed in continua evoluzione in ambiti temporali relativamente ristretti. Se da un lato non è facile definire in modo univoco la Information Communication Technology (ICT) poiché non esiste una generale e condivisa definizione, dall'altro risulta più semplice identificare gli elementi che la costituiscono. Un primo ambito legato ad aspetti più propriamente industriali ed un secondo ambito legato al settore dei servizi. Anche se tale distinzione appaia limitativa, in quanto essenzialmente legata alla produzione industriale, nel corso degli ultimi anni ha acquisito sempre più rilevanza strategica l'aspetto legato all'utilizzo della ICT come strumento atto a produrre informazioni, nuova conoscenza e nuovi contenuti.

La ICT ha finito con il legare sempre più la componente Information Technology (IT) con quella relativa alla Communication Technology (CT). In particolare quando quest'ultima ha assunto vesti nuove, cioè con l'avvento delle tecnologie di rete, l'informazione ha finito con il perdere quella caratteristica rappresentata dall'elaborazione su macchine ¨stand alone¨ per divenire una componente condivisa con altre macchine di una rete (sia LAN che quella globale di internet).

Per quanto riguarda la sanità, una criticità sostanziale comune a molte Aziende Sanitarie è rappresentato dal basso livello di informatizzazione, e dallo scarso grado di integrazione ed interoperabilità. In particolare, in ambito clinico, la mancanza del rispetto nelle procedure di standard internazionali come HL7 ormai diffusi, ma non entrati nella cultura di molti, e lo scarso interesse verso lo sviluppo di sistemi IHE (Integrating the Healthcare Enterprise) rallentano la possibilità di utilizzare le informazioni cliniche ai fini della conoscenza e valorizzazione economica del percorso di continuità di cura del paziente. In tutto il mondo si va verso una nuova era, fondata sull'integrazione dei processi amministrativi, organizzativi e clinici tra le diverse strutture sanitarie e sull'avvio di reti regionali sanitarie, a supporto di modelli organizzativi innovativi, che promuovono la continuità delle cure e la centralità del cittadino. Si diffondono i sistemi di supporto all'ospedalizzazione domiciliare, le reti per patologia, i portali istituzionali, la telemedicina. Ma soprattutto si va verso una integrazione complessiva di prodotti e servizi ICT, che porterà ad un impatto sistemico globale sul "Sistema salute".

Nei Paesi tecnologicamente avanzati i governi nazionali e regionali hanno avviato piani strategici per guidare la transizione e per incrementare la roadmap implementativa a tappe forzate la diffusione dell'ICT nel settore sanitario.

L'aspetto chiave è la progressiva introduzione di una forma di cartella clinica elettronica (**E**lettronic **H**ealth **R**ecord), accessibile in rete ai pazienti e agli operatori autorizzati. L'evoluzione del settore viene collocata in un quadro moderno di applicazione dell'ICT in sanità, basato sui progressi dell'informatica sanitaria a livello internazionale e sui Piani strategici specifici messi in atto dai Paesi tecnologicamente sviluppati.

L'EHR, cioè il fascicolo elettronico dello specifico paziente, rappresenta il "contenitore informatico" nel quale vengono raccolti ed organizzati tutti i documenti e tutti i dati prodotti nell'ambito di tutti gli eventi clinici che lo specifico paziente ha subito lungo l'intero corso della propria vita.

Negli ultimi anni il settore sanitario sta vivendo profonde trasformazioni strutturali e organizzative, riportando il paziente al centro del processo di cura e favorendo la continuità di cura, in particolare introducendo le reti per patologia, l'ospedalizzazione domiciliare e l'assistenza domiciliare integrata, servizi on line, ecc. Nello stesso tempo l'evoluzione delle tecnologie dell'informazione si è fatta sempre più incalzante e pervasiva, passando dalle applicazioni isolate allo scambio di messaggi standard strutturati e poi a sistemi informativi integrati in "organizzazioni virtuali".

In questi ultimi anni, l'innovazione e la riforma della Pubblica Amministrazione (PA) unitamente al miglioramento delle tecnologie informatiche per la comunicazione tra amministrazioni e cittadini, stanno permettendo una forte semplificazione amministrativa e strutturale, in particolar modo per la fornitura di servizi.

Il tema della dematerializzazione della documentazione prodotta in ambito pubblico e privato, e nelle strutture sanitarie in particolare, rappresenta oggi uno degli elementi di forza all'interno dei processi di riforma della gestione delle attività in ambiente digitale. Dematerializzare significa tendere alla riduzione della spesa, in termini sia di risparmi diretti (supporti, spazi, spostamenti, ecc.) sia di risparmi indiretti (tempo, efficienza, ecc.), e ciò può accadere attraverso l'individuazione e l'introduzione di adeguate tecnologie, la riorganizzazione dei flussi e l'ottimizzazione delle risorse umane e tecnologiche anche già esistenti internamente. I processi di gestione analogica dei documenti sono caratterizzati da eccessiva onerosità economica e temporale, complessità di trasmissione e condivisione, difficoltà di mantenimento nel tempo, mancanza di trasparenza, tempi di reperimento delle informazioni elevati e non sempre aventi esito positivo, tendenza all'errore e allo smarrimento, scarsa garanzia di controllo, di riservatezza e di sicurezza nel trattamento.

Da tutto ciò premesso, risulta assai evidente che tutti gli ambiti di produzione di documenti privati e pubblici, a tutti i livelli e per tutte le specificità possono essere interessati e coinvolti dal processo della gestione documentale informatizzata e quindi dalla dematerializzazione.

Per ciò che è stato più sopra affermato, ogni ambito sanitario (clinico-assistenziale, amministrativo, direzionale, ...), con le relative attività, è toccato dalla trasformazione della gestione documentale digitale e dalla de materializzazione che non deve essere vista come il frutto dell'introduzione di sistemi isolati di gestione dei documenti, ma come un elemento vitale, indispensabile e caratteristico di ogni moderno sistema informativo sanitario.

La gestione elettronica dei flussi documentali creati e scambiati all'interno e all'esterno delle strutture pubbliche, di quelle private e fra queste ed i privati è da considerarsi il nocciolo dei processi di modernizzazione, bisogna fare però attenzione che oggi gestire i documenti informatici non significa limitarsi alla loro creazione, bensì si concretizza nel governare l'intero ciclo di vita di tali documenti, attraverso gli strumenti previsti dalla normativa vigente. La diffusione della gestione documentale può incontrare peraltro non poche difficoltà, dovute talvolta alle oscurità interpretative ed alle apparenti complessità implementative dei contenuti normativi, alla sfiducia riposta negli strumenti tecnologici dovuta anche alla mancanza di formazione degli stessi utilizzatori che considerano il documento informatico poco sicuro, poco maneggevole, poco esibibile, poco conservabile a lungo.

La definizione dell'art.1 lett.p) contenuta nel D.lgs n.82/05, secondo la quale il documento informatico è "la rappresentazione informatica di atti, fatti o dati giuridicamente rilevanti", già ci deve far capire che la rilevanza giuridica di buona parte della documentazione richiama inevitabilmente la sua sottoscrizione digitale, la sua protocollazione, la sua circolazione, la sua archiviazione, per giungere addirittura al suo mantenimento nel tempo con la conservazione. Inoltre in questo processo di "svecchiamento" si deve tener conto delle numerosissime ricadute sugli aspetti organizzativi e legali.

Generalmente con il termine dematerializzazione viene intesa la "tendenza alla sostituzione della documentazione amministrativa solitamente cartacea in favore del documento informatico[1]".

Da questa generica definizione si evince pertanto che la **dematerializzazione** va intesa sotto due aspetti, correlati fra loro, ma con problematiche e soluzioni pratiche differenti: in primo luogo è una gestione documentale totalmente informatica, con lo scopo di limitare la produzione di documenti analogici; ma è anche l'iter di trasformazione della documentazione analogica esistente in altra in formato digitale, eventualmente scartando quella ritenuta non necessaria a fini storici-culturali-legali.

Entrambi i processi vogliono portare a **garantire l'integrità e la reperibilità dei documenti ora e nel tempo, la riorganizzazione e la semplificazione delle procedure, la trasparenza e l'efficienza, l'economicità ed infine l'individuazione chiara delle responsabilità**.

All'interno della PA prima e nei privati poi, è stata rinvenuta l'esigenza di semplificazione e di innovazione, stimolata dalla necessità di comunicazione delle informazioni all'interno delle Strutture e fra queste ed i cittadini, i pazienti, i clienti. La comunicazione non poteva concretizzarsi se non attraverso la trasmissione telematica e le tecnologie informatiche. L'esigenza è stata così sentita che ha dato vita all'emanazione di numerose ed approfondite norme mirate a regolamentare le innovazioni e i loro strumenti e permetterne il miglior governo: protocollo informatico, posta certificata, sistemi di classificazione e fascicolazione elettroniche, conservazione ottica, trasposizione delle informazioni analogiche su supporti digitali, creazione di documenti nativamente informatici, validazione dei documenti attraverso l'apposizione delle firme elettroniche.

La radicale, seppur lenta, trasformazione è stata affrontata tenendo conto di molteplici bisogni e quindi da diversi punti di vista:

- **economico**, con attenzione alla riduzione del consumo del supporto analogico, diminuzione degli spostamenti di carta e persone nelle Strutture e sul territorio;
- **giuridico**, con avvio di riforma delle consuetudini amministrative, al fine di armonizzare queste con la normativa creata per giungere all'informatizzazione della gestione documentale
- **tecnico**, con lo scopo di garantire l'autenticità, l'integrità e il mantenimento nel tempo della documentazione, mantenendo la sua accessibilità dall'interno e dall'esterno, nel rispetto della sicurezza e della riservatezza dei sistemi e delle informazioni.

---

[1] Libro Bianco del Gruppo di Lavoro interministeriale per la dematerializzazione tramite supporto digitale

Come è già stato sopra accennato, risulta bene evidente che con il processo di dematerializzazione va rivisitata la gestione corrente delle attività, dalla creazione della documentazione fino alla conservazione permanente dei documenti, con un criterio che individui soluzioni applicative ed organizzative finalizzate alla gestione digitale del tutto.

Occorre mettere in evidenza inoltre che dovranno essere predisposte, sia a livello funzionale che tecnico, delle soluzioni definite per la dematerializzazione, per la conservazione della documentazione analogica esistente e per la gestione dei documenti redatti nativamente in digitale.

Alla produzione documentale analogica infatti si affianca quella digitale e, grazie al forte valore legale affermato per il documento informatico, il Legislatore spinge ora verso la digitalizzazione anche del pregresso analogico, prevedendola come specifica attività e regolamentandola dettagliatamente.

Mentre la gestione quotidiana del documento informatico appare evidente, con i suoi molteplici vantaggi e criticità, tangibili a tutte le sfere di utilizzatori e fruitori, il procedimento di mantenimento nel tempo attraverso la conservazione ottica è apparentemente meno palese, anche se garantisce benefici particolarmente consistenti, in merito al valore giuridico della documentazione e al suo valore di fonte e di memoria storica ufficiale. La banca dati corrente, che in ambito sanitario si usa chiamare "archivio clinico", comprende l'ambiente di lavoro e di gestione quotidiana delle informazioni contenute nei documenti; l'"archivio legale", rappresentato dalla conservazione ottica, è invece il luogo che l'ambiente analogico rappresentava come archivio storico e deposito della documentazione.

1.3 I SISTEMI INFORMATIVI SANITARI

La finalità di un sistema informativo in sanità è la gestione di informazioni utili alla misura ed alla valutazione dei processi gestionali e clinici al fine di ottimizzare le risorse impiegate nel conseguimento degli obbiettivi istituzionali e ottimizzare le modalità di comunicazione. Le entità coinvolte sono rappresentate nella *figura 1* in cui sono rappresentati anche i flussi informativi e le richieste di servizi.

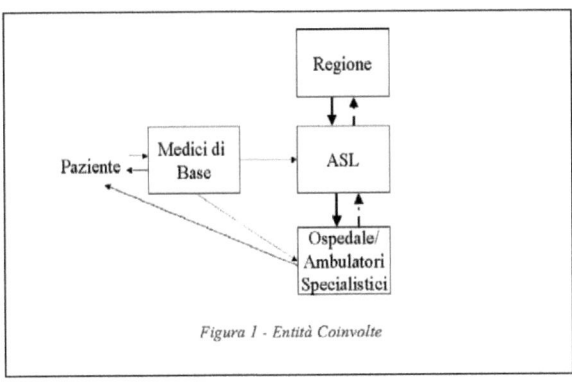

Figura 1 - Entità Coinvolte

L'architettura proposta dallo standard Europeo **CEN/TC 251** per i sistemi informativi sanitari, prevede al centro del sistema il soggetto di cura, senza entrare tropppo nel dettaglio, si può comunque comprendere il concetto osservando la *figura 2*. In effetti dal momento dell'accettazione, in cui il paziente accede alla struttura sanitaria, fino al momento della dimissione, il sistema informativo deve tenere traccia di ogni accadimento, per motivi medico/legali/amministrativi. In questo contesto il fattore centrale di tutto il sistema informativo è la cartella clinica, sia essa cartacea o elettronica.

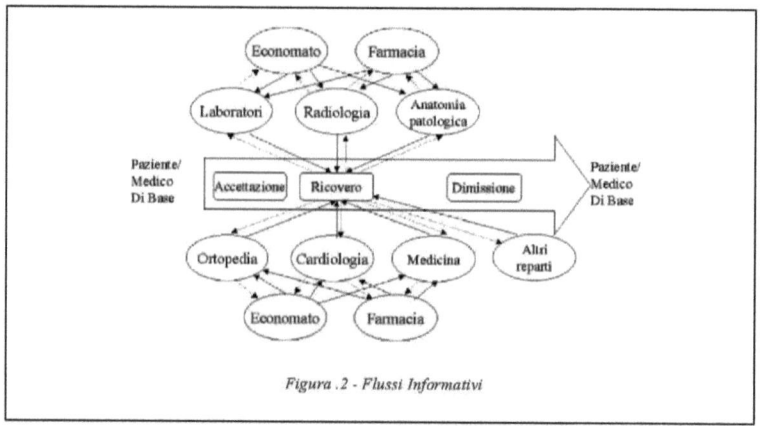

Figura .2 - Flussi Informativi

La finalità della cartella clinica è di facilitare la cura del paziente, avere a disposizione una raccolta cronologica del processo di cura, semplificare la comunicazione fra il personale coinvolto, la raccolta dati a fini medico/legali, le operazioni di rimborso, le ricerche retrospettive e prospettiche.

Un Sistema Informativo Sanitario deve avere le seguenti proprietà:

Disponibilità: l'informazione ed i servizi che eroga devono essere a disposizione degli utenti del sistema compatibilmente con i livelli di servizio.

Integrità: l'informazione ed i servizi erogati possono essere creati, modificati o cancellati solo dalle persone autorizzate a svolgere tale operazione.

Autenticità: garanzia e certificazione della provenienza dei dati.

Confidenzialità o Riservatezza (Privacy): l'informazione che contiene può essere fruita solo dalle persone autorizzate a compiere tale operazione.

Analizzando le proprietà sopra descritte emerge che confidenzialità (Privacy) e disponibilità sono termini in contrasto tra loro.

L'integrità è riferita ad un dato referto, dato clinico e/o strumentale, e permette di stabilire che non c'è stata nessuna alterazione del dato.

La disponibilità del dato clinico è riferita alla possibilità di conoscere la storia sanitaria di un dato paziente.

L'autenticità, indica chi ha prodotto il dato e quindi garantisce il contenuto. Oltre a garantire che il dato sia integro è quindi utile conoscere se chi ha prodotto il dato era autorizzato a produrlo.

L'approccio globale alla sicurezza richiede di considerare gli aspetti tecnici (sicurezza fisica e logica), strategici (obiettivi e budget), organizzativi (definizione di ruoli, procedure, formazione), economici (analisi dei costi) ed

18

infine legali (leggi e raccomandazioni, normative).

2 - IHE E STANDARD CLINICI

Integrating the Healthcare Enterprise (**IHE**) è un gruppo di lavoro internazionale che lavora in sinergia con le associazioni legate alla sanità (ACR, NEMA, EAR, ECR, SIRM, ecc.) e promuove l'uso di standard già definiti in ambito medicale. IHE non si occupa di come sono fatti i componenti, ma di come possono collegarsi ed interoperare fra loro. A tale fine cerca di armonizzare l'uso degli standard esistenti (DICOM, HL7, XML, ecc.), e propone ogni anno un connect-a-thon fra le aziende per verificare l'interoperabilità.

Lo scopo della Integrating the Healthcare Enterprise non è definire un vero e proprio standard di comunicazione ma è quello di costruire un linguaggio univoco eliminando le possibili ambiguità tra gli standard esistenti assicurando inoltre che, nella cura dei pazienti, tutte le informazioni richieste per le decisioni cliniche siano corrette e facilmente reperibili da parte delle varie figure professionali coinvolte.

Nello stesso tempo occorre sottolineare che il IHE vuole essere un ambiente di riferimento sui problemi di integrazione tra i diversi sistemi informativi e le apparecchiature elettromedicali, perciò è necessario un aggiornamento continuo e una concreta collaborazione aperta tra produttori e utilizzatori.

Ogni anno i risultati elaborati nell'ambito di un comitato IHE vengono pubblicati nel " IHE Technical Framework" che è un documento,regolarmente aggiornato, in in cui vengono definite specifiche implementazioni degli standard esistenti in determinate aree, allo scopo di ottenere adeguate condivisioni delle informazioni mediche. Un aspetto molto importante dell'iniziativa IHE è rappresentato dai test sperimentali che periodicamente vengono effettuati nell'ambito di specifiche sessioni, dette Connect-a-thon, cui partecipano le realtà che aderiscono a IHE. Durante un Connect-a-thon si costruisce una rete tra diversi sistemi medicali e si verifica se questi si integrino correttamente nello scambio di dati comuni, in quelle che vengono definite "transazioni", secondo uno schema di azioni prestabilite, effettuate dagli "attori IHE" e definite preliminarmente dai gruppi IHE. In pratica, si testa l'integrazione per una serie di situazioni tipo, detti "profili di integrazione", anche queste stabilite preliminarmente dai gruppi di lavoro IHE.

2.1 IHE (INTEGRATING THE HEALTHCARE ENTERPRISE)

L'esperienza di IHE nasce nel 1999 ed attualmente la struttura è divisa in tre

grandi Regioni (Nord America, Europa, Asia), a loro volta divise in nazioni.
Questo tipo di suddivisione permette di gestire la localizzazione, ovvero la
caratterizzazione in ambito regionale o nazionale di quanto contenuto nei
Technical Framework.

IHE non è uno standard bensì una metodologia di lavoro, e le indicazioni sono
contenute nei Technical Framework, che si possono scaricare dal sito. I Technical
Framework sono stati divisi per dominio di interesse:

- Cardiologia
- Infrastrutture IT
- Laboratori
- Radiologia
- Pazienti
- Oculistica
- Altro

Di seguito vengono descritti i tre concetti principali di IHE.

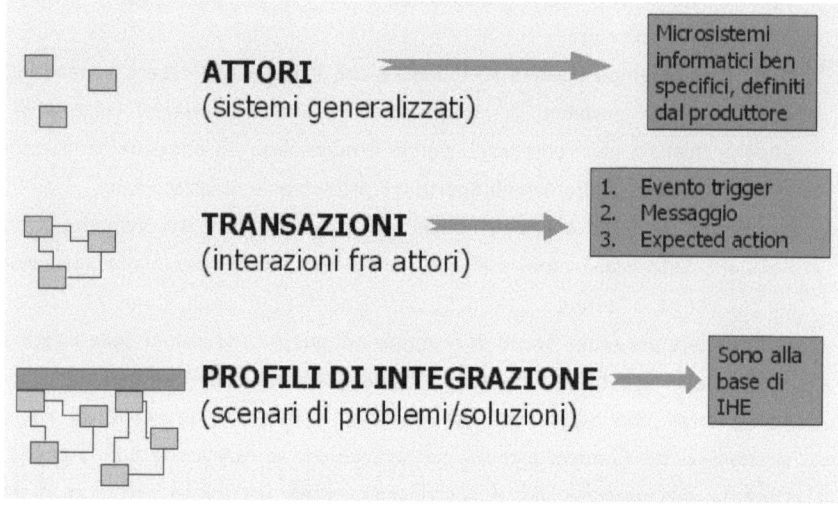

Figura 2 - Concetti Principali IHE

2.2 GLI STANDARD CLINICI

Lo scopo di IHE è far sì che i sistemi informatici sanitari siano integrati tra di essi,
e per far questo propone profili di integrazione in modo da garantire
l'interoperabilità tra i sistemi.

Due applicazioni si dicono interoperabili, rispetto ad una specifica funzione, quando un'applicazione può accettare i messaggi inviati dall'altra e fornire la funzione richiesta in modo appropriato e soddisfacente, senza l'intervento di un operatore esterno. Perché due applicativi siano interoperabili rispetto ad una particolare funzione deve:

✓ esistere un sistema di trasmissione per lo scambio dei messaggi;
✓ essere condiviso il protocollo di comunicazione;
✓ essere condiviso il significato attribuito a ciascuna entità di informazione contenuta nel messaggio trasmesso;
✓ essere inviata una quantità di dati sufficienti per fornire la funzione richiesta;
✓ essere definite le modalità con cui la funzione deve essere implementata.

L'interoperabilità così definita è una proprietà unidirezionale, limitata ad una specifica funzione. In assenza di interoperabilità, la funzione richiesta può non essere disponibile od essere fornita solo in parte o con modalità diverse da quelle specificate. La piena interoperabilità può essere garantita solo se le due applicazioni rispondono conformemente per tutte le possibili funzioni richieste.

Le risposte del sistema risultano conformi quando i risultati ottenuti e i metodi utilizzati per ottenerli corrispondono alle specifiche imposte.

Il problema di garantire l'interoperabilità nasce quando sistemi diversi devono essere integrati in un unico sistema complesso, superando le incompatibilità derivanti dalla presenza di applicazioni sviluppate indipendentemente o di tipo proprietario.

Sono possibili diverse situazioni:

✓ La situazione più favorevole si presenta quando viene condiviso il significato attribuito alle entità di informazione e viene utilizzato lo stesso protocollo di comunicazione. Tale circostanza è generalmente associata ad uno standard comune implementato da entrambe le parti.
✓ Quando viene condiviso solo il significato attribuito alle entità di informazione, devono essere introdotte soluzioni adeguate per rendere possibile la comunicazione.
✓ La situazione più complessa si presenta quando vengono utilizzate entità di informazione diverse e protocolli di comunicazione incompatibili.
✓ Deve essere introdotto un modello di informazione comune, con adeguati meccanismi di conversione.

I sistemi informatizzati comunicano tra loro utilizzando prevalentemente **protocolli standardizzati**. Per la gestione di dati clinici e di immagini mediche, gli standard più significativi e specifici sono: **CDA** (Clinical Document

Architecture), **DICOM** (Digital Imaging and Communications in Medicine) e **HL7** (Health Level Seven). Ciascuno di questi standard può contribuire a migliorare il flusso di informazioni di una parte del sistema e ad aumentare l'efficienza e l'economicità del sistema complessivo. Tutti sono stati sviluppati per risolvere problemi ben definiti e sono oggetto di continue modifiche ed aggiornamenti, con l'obiettivo di rimuovere le limitazioni derivanti da un'impostazione fortemente orientata ad uno specifico settore. È auspicabile che l'informazione prodotta nei diversi formati possa essere scambiata in modo sempre più semplice, accurato e consistente. DICOM, HL7 sono stati influenzati, in diversa misura, dal modello OSI. L'Open Systems Interconnection (meglio conosciuto come Modello ISO/OSI) è uno standard stabilito nel 1978 dall'International Organization for Standardization, il principale ente di standardizzazione internazionale, (ISO),che stabilisce una pila di protocolli in 7 livelli.

L'organizzazione sentì la necessità di produrre una serie di standard per le reti di calcolatori ed avviò il progetto OSI (Open Systems Interconnection), un modello standard di riferimento per l'interconnessione di sistemi aperti.

Il modello ISO/OSI è costituito da una pila (o stack) di protocolli attraverso i quali viene ridotta la complessità implementativa di un sistema di comunicazione per il networking. In particolare ISO/OSI è costituito da strati (o livelli), i cosiddetti layer, che racchiudono uno o più aspetti fra loro correlati della comunicazione fra due nodi di una rete. I layers sono in totale 7 e vanno dal livello fisico (quello del mezzo fisico, ossia del cavo o delle onde radio) fino al livello delle applicazioni, attraverso cui si realizza la comunicazione di alto livello.

Nel momento in cui occorre acquistare dispositivi medici o sistemi informatizzati, oppure sviluppare del software o progettare un nuovo sistema, la scelta di soluzioni standardizzate, soprattutto se applicate in modo sistematico, può offrire numerosi vantaggi. Gli standard possono eliminare quasi tutti i problemi derivanti dalla presenza di sistemi proprietari. Tuttavia, occorre sottolineare che non sempre sono possibili soluzioni di tipo plug and play e che, in molti casi, anche le soluzioni standard possono richiedere interventi specifici non trascurabili per la configurazione e la personalizzazione.

Sempre più frequentemente vengono introdotti dispositivi medici complessi, che incorporano sistemi avanzati di gestione dei dati, con costi crescenti per lo sviluppo e la manutenzione delle applicazione necessarie per l'interconnessione.

Soluzioni standard riducono la complessità e i costi delle interfacce e semplificano la comunicazione tra dispositivi forniti da produttori diversi. La maggiore integrazione, prodotta da soluzioni uniformi, facilita la distribuzione dell'informazione e rende più economica la gestione complessiva del sistema, a vantaggio dell'attività clinica e della salute del paziente. Con soluzioni di questo tipo, il trasferimento automatico dell'informazione diventa più semplice e riduce la necessità di interventi diretti da parte degli operatori, aumentando la loro disponibilità e diminuendo la probabilità di errori dovuti all'intervento umano.

Gli standard permettono di spostare l'attenzione dai problemi tecnici alla funzionalità offerta, orientando tutto il sistema ad utilizzare l'informazione in modo strategico, per una migliore erogazione dei servizi. L'adozione sempre più diffusa di soluzioni standardizzate aumenta la competizione tra i produttori, non più protetti da soluzioni proprietarie, e favorisce lo sviluppo di dispositivi ed applicazioni conformi agli standard più diffusi, riducendone i costi di produzione ed implementazione.

3 – L'HOSPITAL INFORMATION SYSTEM

L'H.I.S. (l'Hospital Information System) è per definizione uno strumento informatico o meglio l'insieme integrato di strumenti informatici utilizzati in ambito sanitario per gestire i flussi amministrativi e clinici di un ospedale. Il Sistema Informativo Ospedaliero tipicamente contempla:

✓ Anagrafica Centrale
✓ Repository dei referti
✓ Sistema di gestione dei pazienti
✓ Rendicontazione e analisi dei costi

A seconda del livello di integrazione con i sistemi informatici ospedalieri, un HIS è in grado di gestire uno scambio di informazioni con:

✓ Laboratory Information System (LIS)
✓ Sistema informatico radiologico (RIS)
✓ Software dei reparti
✓ Sistemi regionali

Lo scopo di un HIS è quello di rendere il sistema paziente-centrico, cercando di legare l'assistito e le sue peculiarità alla storia clinica/diagnostica che lo stesso ha avuto all'interno dell'Azienda Sanitaria.

L'anagrafica unica centralizzata e il Repository dei referti servono quindi a fornire la base della Cartella Clinica Elettronica (CCE), che costituisce un'evoluzione della

23

Cartella Clinica Cartacea (CCC) ovvero è lo strumento per la gestione organica e strutturata dei dati riferiti alla storia clinica di un paziente in regime di ricovero o ambulatoriale, garantendo il supporto dei processi clinici (diagnostico-terapeutici) e assistenziali nei singoli episodi di cura e favorendo la continuità di cura del paziente tra diversi episodi di cura afferenti alla stessa struttura ospedaliera mediante la condivisione e il recupero dei dati clinici in essi registrati.

Le funzioni principali della CCE, riprendendo gli standard di Joint Commission International[2] sono:

✓ Supportare la pianificazione e la valutazione delle cure (predisposizione del piano diagnostico-terapeutico-assistenziale).

✓ Costituire l'evidenza documentale dell'appropriatezza delle cure erogate rispetto agli standard.

✓ Essere lo strumento di comunicazione volto a facilitare l'integrazione operativa tra i professionisti sanitari coinvolti in uno specifico piano diagnostico-terapeutico-assistenziale al fine di garantire continuità assistenziale.

✓ Costituire una fonte dati per studi scientifici e ricerche cliniche, attività di formazione e aggiornamento degli operatori sanitari, valutazione delle attività assistenziali ed esigenze amministrativo-legali nonché rispondere a esigenze di cost-accounting.

✓ Supportare la protezione legale degli interessi del paziente, dei medici dell'azienda sanitaria: deve cioè consentire di tracciare tutte le attività svolte per permettere di risalire (rintracciabilità) ai responsabili, alla cronologia e alle modalità di esecuzione.

La CCE è pertanto il fulcro del **sistema informatico ospedaliero** che contiene tutte le informazioni necessarie per la gestione di un processo diagnostico-terapeutico-assistenziale che di norma comprende informazioni di assessment clinico (anamnesi) e infermieristico (rilevazione dei fabbisogni infermieristici), esame obiettivo, diario clinico integrato (medico e infermieristico), referti di prestazioni ambulatoriali e di altri esami diagnostico-specialistici (ad es. laboratorio, anatomia patologica, radiologia...) gestione del ciclo del farmaco e delle attività di nursing, gestione del percorso chirurgico, gestione della lettera di

---

[2] La Joint Commission nasce come Agenzia non profit nel 1951 negli Stati Uniti come Joint Commission on Accreditation of Hospitals Organization (JCAHO) e nel 1953 pubblica i primi standard per l'accreditamento degli ospedali. Oggi l'accreditamento Joint Commission è un requisito fondamentale per tutte le migliori strutture sanitarie Americane. L'esperienza di "accreditamento per l'eccellenza" sviluppata negli Stati Uniti si incentra essenzialmente su un sistema che si propone di attribuire alle strutture sanitarie dei giudizi di valore sulla qualità del servizio al paziente.

dimissione, vari documenti amministrativi quali ad es. i consensi informati.

Si ritiene opportuno precisare inoltre, che la CCE si configura quindi come un **sistema informatico integrato aziendale**, da intendersi come trasversale alle varie tipologie di regimi clinico-sanitari di accesso e ai vari processi di cura, in sostituzione della cartella clinica cartacea, che da un lato ne rispetti i requisiti e le funzioni, e dall'altro risolva alcune criticità ad essa legate, offrendo opportunità di aumentare il valore attraverso l'integrazione con altri strumenti informatici. È importante infatti riconoscere allo strumento elettronico una sua dignità che ne determina anche una forte differenza nel modo di assolvere alle sue funzioni rispetto allo strumento cartaceo.

Lo strumento elettronico oggi è in grado di assolvere a tutti i compiti formalmente definiti per la cartella clinica cartacea ma è necessario e auspicabile che lo faccia in modo diverso, ovvero secondo la logica di una efficace ed efficiente gestione elettronica del dato. Per questo motivo, una visione dello strumento di cartella clinica elettronica come il mero "digitalizzatore" del cartaceo, da implementare senza un'adeguata revisione dei processi interni è riduttiva - se non errata - e non permette di valorizzare il potenziale in termini di gestione integrata delle informazioni, tempestività, automazione, semplificazione offerte dall'ergonomia dello strumento digitale.

La Figura 3 - Esempio di un H.I.S.riporta uno schema di un Sistema Informatico Sanitario in cui sono evidenziati i collegamenti ed interfacciamenti con i sistemi di acquisizione assistiti [Centro Unico Prenotazioni CUP, Ammissioni/Dimissioni/Trasferimenti ADT e Pronto Soccorso PS] attraverso dei "Servizi di Interoperabilità" eventualmente con un MPI di interfaccia, i repository dei Referti collegato ai vari sistemi diagnostici dell'azienda ospedaliera e in servizio alla Cartella Clinica Elettronica Ospedaliera [Ricovero ed Ambulatoriale].

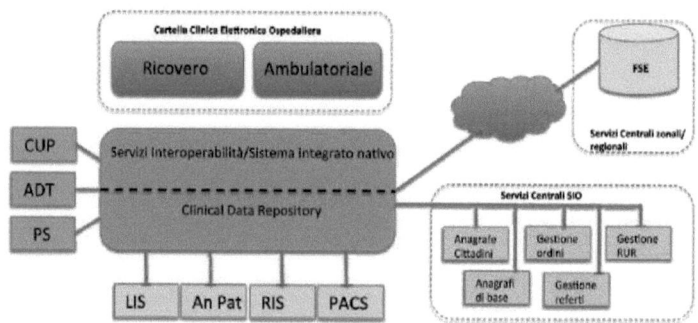

Figura 3 - Esempio di un H.I.S.

Nei prossimi paragrafi si passerranno in rassegna l'Anagrafica Centrale ed il Repository dei referti per poi illustrare come realizzare un sistema di gestione dei pazienti che permetta, oltre di svolgere funzioni di cura e prevenzione, di effettuare un puntale controllo con analisi dei costi sostenuti.

3.1 ANAGRAFICA CENTRALE

La Cartella Clinica Elettronica, dalle considerazioni fin qui esposte, deve quindi intendersi come una piattaforma aziendale trasversale ovvero deve essere utilizzata da tutti i reparti, servizi ambulatoriali e servizi diagnostici per condividere le informazioni necessarie per la gestione dell'intero processo diagnostico-terapeutico-assistenziale sinteticamente illustrato nello schema seguente (*Figura 5*).

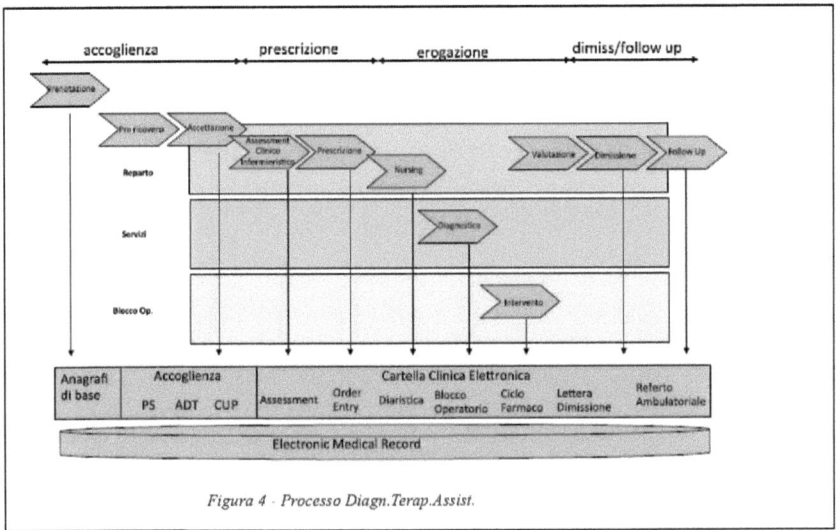

Figura 4 - Processo Diagn.Terap.Assist.

Appare quindi indispensabile che la CCE sia integrata con la piattaforma aziendale del sistema informativo e che la sua realizzazione dipenda dall'esistenza di alcuni pre-requisiti:

✓ presenza di un sistema per la gestione di un'unica anagrafe cittadini centralizzata e certificata; ovvero è necessario non solo la presenza informatica di un'anagrafe centrale, ma anche un insieme di regole ben definite e condivise ed una organizzazione aziendale dedicata al suo supporto e mantenimento;

✓ esistenza di dizionari aziendali condivisi per tutte le "azioni sanitarie" per ottenere uniformità e coerenza di contenuti (terminologie, definizioni, classificazioni, codici) che popoleranno l'insieme delle anagrafi di base del sistema;

✓ presenza di un sistema centralizzato di programmazione ed accettazione dei pazienti e quindi della disponibilità e integrazione con i sistemi di gestione delle attività di Pronto Soccorso (PS), di gestione delle fasi di Accettazione Dimissione Trasferimento (ADT), di gestione delle prenotazioni ambulatoriali (CUP);

✓ presenza di un modulo centralizzato di richieste di prestazioni specialistiche o diagnostiche (CPOE); il CPOE "Computerized Physician Order Entry" è un sistema che permette l'inserimento degli ordini verso i servizi diagnostici e ambulatoriali direttamente dalla cartella clinica elettronica e, in modo trasparente per l'utente, inoltrarli al sistema dipartimentale specifico e di riceverne successivamente referti e dati strutturati on line. Tale strumento oltre a rendere più semplice e fluido il flusso di lavoro e la tracciabilità delle attività effettuate ad un paziente, consente di prevenire gli errori e ridurre i tempi di svolgimento del processo;

✓ presenza di un clinical data repository aziendale che contenga referti e dati strutturati di eventi clinici unitamente con la definizione delle regole di pubblicazione e condivisione dei documenti e metadati;

✓ definizione dei ruoli degli attori coinvolti che possono essere classificati in tre gruppi: chi fornisce l'assistenza (medici, infermieri, farmacisti, fisioterapisti...), chi utilizza l'assistenza (pazienti), chi gestisce l'assistenza (direttori sanitari, organi istituzionali a livello aziendale e regionale);

✓ definizione delle politiche di accesso ai dati in termini di profili di autorizzazione all'utilizzo delle varie funzioni di CCE e di regole di privacy da considerare nella gestione dei dati sensibili in essa contenuti.

L'interoperabilità tra i vari moduli può essere garantita sia da un SIO che disponga dei diversi blocchi funzionali già nativamente tra loro integrati, sia da servizi comuni di interoperabilità che garantiscano l'azione coordinata e interoperabile dei differenti blocchi funzionali sopra evidenziati.

Nell'ambito dell'interoperabilità si richiamano gli standard internazionali HI7 e Dicom, nonchè i profili IHE il cui utilizzo consente di semplificare la condivisione di dati tra moduli applicativi diversi.

A tale scopo nel paragrafo seguente vengono evidenziate le caratteristiche essenziali richieste per garantire un utilizzo omogeneo e coerente della Cartella Clinica Elettronica , sia quando essa richiede l'interscambio di dati e processi con sistemi organizzativi diversificati (es. quelli indirizzati alle attività amministrative, a quelle diagnostiche, ecc.), sia quando la viene utilizzata in ambiti che richiedono una forte specializzazione clinica.

L'adozione di un'**anagrafica degli assistiti** unica per tutta un'organizzazione sanitaria complessa garantisce la centralità del paziente nel processo di gestione degli episodi clinici all'interno dell'organizzazione stessa.

Analogo ruolo centrale svolge l'**anagrafica delle codifiche** aziendale, che consenta di rappresentare in maniera strutturata gli elementi operativi dell'organizzazione: unità operative, prestazioni offerte, unità erogatrici, centri di costo, profilazione degli operatori, ecc.

I modelli di cura, siano essi specificamente ospedalieri o territoriali, si caratterizzano per processi differenziati per diverse tipologie di episodi clinici, all'interno dei quali le diverse unità operative coinvolte devono poter trattare le informazioni cliniche e amministrative in maniera omogenea, consistente e tempestiva.

Da questo punto di vista, la CCE deve poter essere **integrata con diversi ambiti applicativi** e, a seconda dei contesti, recepire le informazioni che sono già state trattate in fasi precedenti del processo o interagire con fasi successive. Ne sono un esempio gli accessi al **Pronto Soccorso**, per i quali la scheda clinica di PS, alimentata durante il triage e il trattamento in emergenza o gli accertamenti effettuati in **pre-ricovero** che contengono un gran numero di informazioni che devono poter essere acquisite all'interno della CCE, attraverso i meccanismi di comunicazione tra la CCE e i diversi moduli applicativi del SIO.

La Cartella Clinica Elettronica deve essere in grado di recepire molti di questi elementi, dalle componenti applicative dedicate all'Accoglienza del paziente con specifico riferimento ai moduli **PS**, **ADT** e **CUP** ma anche di inviare alcune informazioni ad es. procedure chirurgiche, di norma gestite dal modulo chirurgico del sistema di CCE, verso la scheda di dimissione ospedaliera di norma gestita dai sistemi ADT.

Una seconda area critica e particolarmente rilevante di integrazione è costituita dall'attivazione, da parte della CCE, delle funzioni di gestione richieste (**order entry**) per l'esecuzione di *attività di diagnostica e visite cliniche*. Tale fase, essenziale nel processo diagnostico-terapeutico, deve essere intesa dagli utilizzatori della Cartella Elettronica come una funzione accessibile dall'interno della stessa senza soluzione di continuità rispetto alla sua operatività. Le richieste devono poter essere formulate dalla CCE con gli stessi criteri e con lo stesso livello di completezza offerti dai moduli applicativi dedicati all'order entry per le unità operative diagnostiche e per le prestazioni specialistiche offerte dai reparti. Analogamente, all'interno della CCE la fruizione diretta di tutti i risultati e i referti prodotti a seguito delle suddette richieste deve agevolare gli operatori utilizzando direttamente o integrando gli strumenti aziendali di consultazione di dati clinici secondo una modalità omogenea nei diversi episodi e esaustiva di tutta la storia clinica di un paziente registrata all'interno della struttura sanitaria.

3.2 REPOSITORY DEI REFERTI

Il **tracciamento** di un percorso complesso che un paziente in generale può effettuare nelle singole unità operative, inclusivo del dettaglio degli **aspetti clinici** (inquadramenti, diagnosi, referti, ecc.) e degli aspetti **operativi ed**

amministrativi (dall'accettazione alla fatturazione delle prestazioni cliniche e dei servizi alberghieri) è un altro elemento essenziale all'interno di un'organizzazione di cura. Ciò richiede che tutti i dati, clinici e amministrativi, strutturati e in forma documentale, siano inseriti in un **Clinical Data Repository Aziendale.**

Il Repository Referti è il sistema di archiviazione e condivisione dei Documenti Clinici Elettronici (DCE) prodotti all'interno di una struttura sanitaria.

Tutte le funzionalità di gestione dei DCE archiviati sono accessibili attraverso un interfaccia web esposta dal Repository.

Le funzionalità sono dedicate sia ad attività di gestione interna di una struttura (consultazione, statistiche, ecc) sia alla gestione dei servizi di integrazione al SISS per le operazioni di firma, marca e notifica dei DCE sul Dominio Centrale.

Le funzionalità descritte sono disponibili indipendentemente dallo scenario di utilizzo del Repository ovvero:

✓ Repository Aziendale: il repository è installato presso la struttura sanitaria e raccoglie i DCE prodotti all'interno della struttura

✓ Repository Centro Servizi: il repository rappresenta l'archivio centralizzato dei DCE prodotti da diverse Aziende Accreditate aderenti.

3.3 SISTEMA DI GESTIONE DEI PAZIENTI

In questo capitolo vengono elencate le funzionalità applicative minime richieste per la realizzazione di un sistema di Gestione dei Pazienti attraverso una CCE.

Acquisizione consensi del cittadino e documentazione "terza"

All'ingresso in reparto, se il consenso al trattamento non è stato acquisito in fase di accettazione amministrativa, è necessario acquisirlo. Appare evidente che se il consenso è già stato acquisto, tale informazione deve essere trasmessa dal sistema di ADT alla CCE. In proposito si evidenzia che l'acquisizione del consenso direttamente in forma digitale richiede l'attivazione di procedure e strumenti che sanciscano l'integrità del documento di rilascio del consenso. In caso contrario se il consenso viene acquisito in forma cartacea nella CCE deve quantomeno essere riscontrabile "la sua avvenuta acquisizione". Queste considerazioni si applicano a tutte le firme di consenso che il cittadino dovrà rilasciare durante il percorso diagnostico-terapeutico-assistenziale.

È possibile che nella fase di accoglienza il cittadino fornisca documentazione (anche di carattere multimediale) relativa a eventi o episodi clinici precedenti. In tal caso è opportuno che il sistema di CCE consenta l'acquisizione di tale documentazione che, non essendo "certificata" dovrà costituire degli allegati della CCE.

Il sistema di CCE deve consentire l'acquisizione automatica delle informazioni inserite e degli esami richiesti in regime di pre-ricovero, se effettuati nella stessa struttura. Medesima considerazione vale per le informazioni cliniche derivanti da prestazioni post ricovero qualora la normativa preveda che le stesse siano ricomprese nel ricovero.

Per completezza si evidenzia che alcune regioni stanno avviando tavoli tecnici al fine di consentire una standardizzazione dei formati di interscambio dei dati clinici. In questo caso sarà oggettivamente possibile importare nel sistema CCE dati esportati da sistemi CCE di altre strutture sanitarie.

Assessment medico e infermieristico

Il paziente, arrivato in reparto, viene preso in carico dal team medico-infermieristico attraverso l'attività di inquadramento clinico ed infermieristico.

L'obiettivo dell'inquadramento clinico è quello di predisporre, in base al problema emergente per il quale il paziente è stato ricoverato, il piano diagnostico-terapeutico.

L'assessment infermieristico è la fase del processo di cura in cui l'infermiere effettua una valutazione dei fabbisogni infermieristici del paziente indipendentemente dal motivo di ricovero per definire il piano assistenziale.

Di solito, viene utilizzato un quadro di valutazione, basato su modelli di assistenza italiani o internazionali che la CCE deve recepire.

L'insieme delle due valutazioni determina il piano diagnostico-terapeutico-assistenziale che, nei fatti, guiderà tutte le attività erogate al paziente.

Si segnala in proposito che, secondo le indicazioni di JCI, le attività di assessment dovrebbero essere completate entro le prime 24 ore dall'ingresso in reparto.

Diaristica

La diaristica medica, infermieristica e riabilitativa raccoglie i dati relativi all'evoluzione del paziente e la sua risposta al trattamento. Tali dati vengono raccolti periodicamente, se necessario anche più volte al giorno.

In ogni annotazione devono figurare nome e cognome dell'operatore e data e ora dell'effettuazione dell'attività.

In automatico il sistema potrebbe generare delle registrazioni nel diario a seguito di "eventi" come le richieste di esami, le rilevazioni dei parametri vitali; alternativamente potrebbe essere sufficiente la possibilità di visualizzare o importare questi dati a richiesta.

Nel diario infermieristico, oltre alle informazioni sull'evoluzione del paziente, viene raccolto un riassunto delle attività realizzate dal personale infermieristico. I dati raccolti nel diario aiutano a documentare la frequenza e l'estensione delle varie attività clinico-assistenziali e la reazione del paziente al trattamento.

Attività di nursing

Si definisce così il processo che porta a pianificare le attività infermieristiche sul paziente e le rilevazioni dei suoi parametri vitali e che scaturisce da un'analisi delle singole necessità del paziente, che avviene attraverso un'opportuna raccolta di informazioni specifiche per ciascun bisogno.

Da questa analisi il personale infermieristico è in grado d'impostare un obiettivo legato al bisogno e la data del suo raggiungimento, pianificando un opportuno insieme di attività infermieristiche sempre correlate al bisogno e un complementare insieme di rilevazioni dei parametri vitali.

Oltre alle attività assistenziali legate ai bisogni del paziente, le attività infermieristiche includono anche tutte le attività correlate (pre e post) all'intervento chirurgico e agli esami diagnostici ai quali è sottoposto il paziente, come, ad esempio, la compilazione di scale di valutazione, il completamento delle richieste esami diagnostici o prestazioni specialistiche prescritte dai clinici.

Il sistema deve consentire l'esecuzione delle attività infermieristiche che nascano preferibilmente in modalità automatica o per richiesta del medico (attività pre/post-operatorie, richiesta di esami strumentali/laboratorio, rilevazione parametri vitali, somministrazione farmaci) oppure tramite pianificazione manuale per altre tipologie di attività.

Il sistema di CCE deve consentire all'operatore di validare attività scaturite automaticamente dall'analisi dei bisogni, deve segnalare l'avvenuta o la mancata esecuzione di attività pianificate o eseguite in modalità estemporanea e deve visualizzare l'andamento delle attività svolte.

Ciclo del farmaco

La gestione della farmacoterapia rappresenta uno dei processi più importanti nell'ambito del Clinical Risk Management; il corrispondente modulo della Cartella Clinica Elettronica deve assicurare la tracciatura delle operazioni di prescrizione, allestimento/preparazione, somministrazione e consegna del farmaco e deve consentire la gestione sia della terapia farmacologica intesa come eventuale standard per tutte le unità operative (definito a livello aziendale), sia delle terapie farmacologiche tipiche delle singole specialità cliniche (ad esempio chemioterapie, terapie anticoagulanti, liquidi di contrasto, ecc.).

Il sistema dovrà supportare l'attività di prescrizione, somministrazione o consegna del farmaco al paziente in regime di ricovero ordinario (degenza), ricovero diurno (Day Hospital), alla dimissione dai suddetti regimi, ma anche in regime ambulatoriale. Per quanto riguarda la consegna dei farmaci è necessario prevedere anche la possibilità di consegna dei farmaci prescritti in reparto (o DH o Ambulatorio) direttamente in farmacia mediante opportune funzionalità o attraverso l'integrazione con sistemi terzi.

Ciclo operatorio e protesi

Il percorso operatorio di un paziente comincia normalmente con una prima visita ambulatoriale e si conclude con il follow up post intervento chirurgico. Nelle restanti situazioni il percorso operatorio può avere inizio con un accesso in emergenza da Pronto Soccorso ed il successivo trasferimento diretto in sala operatoria oppure può avere inizio come urgenza da reparto.

Le fasi previste per la gestione di un paziente chirurgico sono:

Gestione Preoperatoria:

- ✓ Visita Chirurgica
- ✓ Visita Anestesiologica
- ✓ Gestione Lista di Attesa
- ✓ Accertamenti Preoperatori
- ✓ Redazione Programma Operatorio

Gestione Intraoperatoria:

- ✓ Preparazione Sala Operatoria
- ✓ Identificazione Paziente
- ✓ Compilazione Cartellino Anestesiologico
- ✓ Redazione Verbale Operatorio

Gestione Post-Operatoria:

- ✓ Dimissione dal Blocco Operatorio

A supporto di queste fasi il sistema deve prevedere:

- ✓ moduli utilizzati in ambulatorio e in reparto per gestire tutte le fasi preliminari all'intervento
- ✓ moduli utilizzati all'interno del blocco operatorio per gestire le fasi dell'intervento
- ✓ moduli specifici per la pianificazione dell'allocazione delle Sale Operatorie ed il controllo delle attività di Sala
- un modulo per la redazione del Registro Operatorio di Sala e relativa stampa

Order entry

L'order entry è un sistema che consente di gestire il flusso di richieste di prestazioni dai reparti e servizi ospedalieri richiedenti verso i servizi erogatori e le relative informazioni di ritorno (dati sulle prestazioni erogate, referti, immagini, allegati), favorendo una gestione paperless e filmless del flusso diagnostico tra reparti e servizi erogatori e consentendo un eventuale controllo dell'appropriatezza delle richieste effettuate.

Fase di dimissione

Nella fase di dimissione deve essere redatto un documento riepilogativo e conclusivo del contatto con la struttura ospedaliera.

I documenti che si devono poter compilare e firmare sono:

✓ lettera di dimissione (del ricovero ordinario o DH);

✓ lettera di trasferimento (solo nel caso di dimissione verso altri reparti);

✓ lettera per la terapia domiciliare (DH): ad ogni accesso il medico deve poter indicare al paziente la terapia da seguire a casa;

✓ lettera al medico curante (DH): ad ogni accesso può essere necessario far avere al medico di base la situazione del paziente;

✓ lettera di prosecuzione di ricovero;

✓ lettera di dimissione infermieristica;

✓ eventuale integrazione della lettera di dimissione (ad es. nel caso di recipimento ex post di esiti di esami di anatomia patologica).

La lettera può essere automaticamente compilata nelle sezioni che richiedono di riportare azioni che sono state memorizzate in altri punti della cartella di ricovero (per esempio: motivo del ricovero, accertamenti eseguiti).

Deve essere previsto un aiuto alla compilazione ovvero, fornire all'utente la possibilità di avere "sotto mano" i punti salienti del ricovero che lo aiutino a compilare la lettera: elenco richieste avvenuto durante il periodo di degenza, elenco referti, informazioni dell'anamnesi e dell'esame obiettivo.

In questo paragrafo e nei precedenti sono stati definiti i vari aspetti relativi all'implementazione della CCE intesa quale "**sistema informatico integrato aziendale**" finalizzato non solo a fornire un'adeguata base informativa sullo stato di salute del paziente, sui trattamenti effettuati e i risultati conseguiti, ma anche a facilitare l'integrazione operativa dei diversi professionisti sanitari che intervengono nell'ambito del processo diagnostico-terapeutico, in modo da favorire decisioni clinico-assistenziali appropriate e garantire la necessaria continuità delle cure al paziente stesso.

Oltre alle predette due fondamentali funzioni, le linee guida della Joint Commission International prevedono che la CCE debba anche "supportare la protezione legale degli interessi del paziente, dei medici e dell'azienda sanitaria, attraverso il tracciamento di tutte le attività svolte per permettere di risalire (rintracciabilità) ai responsabili, alla cronologia e alle modalità di esecuzione".

Ciò significa che qualsiasi progetto di implementazione di una CCE non può non porsi anche l'obiettivo che la stessa sia in grado di sostituire a tutti gli effetti, compresi quelli giuridico-probatori, la cartella clinica cartacea.

4 – IL FASCICOLO SANITARIO ELETTRONICO

Nel quadro del processo di ammodernamento della sanità sono in atto numerose iniziative volte a migliorare l'efficienza del servizio sanitario e semplificare l'esercizio del diritto alla salute da parte del cittadino in ogni momento del percorso sanitario e socio-sanitario, attraverso azioni quali l'alleggerimento dell'onere documentale, la personalizzazione delle cure, la riduzione dell'errore umano e lo sviluppo di una sanità centrata sul cittadino.

A tal fine, una raccolta corretta ed il più esauriente possibile dei dati clinici di un paziente ha un ruolo importante sia nella pratica medica quotidiana sia nella gestione clinica del malato, nonché nel corretto iter delle prestazioni fornite dal sistema sanitario.

La presenza di carenze nella trasmissione e nella fruizione dei dati clinici con i mezzi tradizionali ha portato a sviluppare strumenti innovativi che, mediante l'utilizzo di tecnologie informatiche, possono assicurare una disponibilità di informazioni idonea a garantire la migliore continuità assistenziale.

4.1 INTRODUZIONE AL FSE

Il "pilastro" su cui basarsi per il raggiungimento di tale obiettivo è *il Fascicolo Sanitario Elettronico ("FSE"), inteso come insieme di dati e documenti digitali di tipo sanitario e socio-sanitario generati da eventi clinici presenti e trascorsi, riguardanti l'assistito*, che ha come scopo principale quello di agevolare l'assistenza al paziente, offrire un servizio che può facilitare l'integrazione delle diverse competenze professionali, fornire una base informativa consistente, contribuendo al miglioramento di tutte le attività assistenziali e di cura, nel rispetto delle normative per la protezione dei dati personali.

Diverse Regioni hanno già avviato attività progettuali per la realizzazione di sistemi di Fascicolo Sanitario Elettronico a livello regionale (es. Lombardia, Toscana, Emilia Romagna, Friuli Venezia Giulia, Sardegna).

E' divenuto quindi strategico per il nostro Paese giungere ad una sintesi delle diverse istanze esistenti e promuovere la condivisione di un modello di riferimento nazionale per il FSE.

4.2 I PRINCIPI GENERALI DEL FSE

Il Servizio Sanitario Nazionale costituisce una garanzia per la tutela della salute dei cittadini e i Livelli Essenziali di Assistenza (LEA), previsti dal decreto legislativo del 30 dicembre 1992, n.502, rappresentano lo strumento per assicurare a tutti i cittadini italiani condizioni di uniformità sul territorio nazionale.

Con i LEA si intendeva, nello spirito originale del legislatore e a prescindere dal tipo di organizzazione sanitaria adottata, dare luogo ad un riferimento nazionale ed omogeneo per l'offerta di servizi sanitari sia in termini quantitativi che qualitativi, in relazione a predeterminate risorse.

L'obiettivo, quindi, di garantire la continuità assistenziale e la qualità della cure e dell'assistenza, a garanzia della tutela della salute dei cittadini viene poi ad essere declinato in coerenza con la vigente ripartizione delle competenze tra gli enti centrali e gli enti locali.

In questo contesto il Fascicolo Sanitario Elettronico è l'insieme dei dati e documenti digitali di tipo sanitario e socio-sanitario generati da eventi clinici presenti e trascorsi, riguardanti l'assistito.

Il Fascicolo Sanitario Elettronico, che ha un orizzonte temporale che copre l'intera vita del paziente, è alimentato in maniera continuativa dai soggetti che prendono in cura l'assistito nell'ambito del Servizio sanitario nazionale e dei servizi socio-sanitari regionali.

Il Fascicolo Sanitario Elettronico è costituito, previo consenso dell'assistito, dalle Regioni e Province Autonome per le finalità di prevenzione, diagnosi, cura e riabilitazione.

Tali finalità sono perseguite dai soggetti del Servizio Sanitario Nazionale e dei servizi socio-sanitari regionali che prendono in cura l'assistito.

Sulla base di quanto sopra esposto e quindi nel contesto del supporto e dell'ottimizzazione dei processi operativi del settore sanitario, si identificano i seguenti ambiti di utilizzo:

✓ il supporto a scenari e processi di cura: in quanto rende disponibile la storia clinica del paziente a tutti gli attori coinvolti;

✓ il supporto all'emergenza/urgenza: in quanto permette ad un operatore sanitario di inquadrare un paziente a lui sconosciuto durante il contatto in emergenza/urgenza;

✓ il supporto per la continuità delle cure: in quanto permette a diversi operatori che hanno già in carico un paziente di essere consapevoli delle iniziative diagnostiche e terapeutiche portate avanti dai colleghi;

✓ il supporto alle attività gestionali ed amministrative correlate ai processi di cura: in quanto permette di condividere tra gli operatori le informazioni amministrative (es. prenotazioni di visite specialistiche, ricette, etc.) od organizzative/ausiliarie per le reti di supporto ai pazienti nelle cronicità e/o nella riabilitazione.

4.3 IL MODELLO ARCHITETTURALE DELL'INFRASTRUTTURA

Oggetto del presente capitolo è la descrizione del modello architetturale dell'infrastruttura tecnologica del Fascicolo Sanitario Elettronico, sia in termini di meccanismi per la collezione di documenti e dati sanitari in formato digitale, sia in termini di servizi di supporto ai processi sanitari

Il modello architetturale deve consentire a tutti gli attori del Servizio Sanitario Nazionale autorizzati di accedere ai documenti sanitari di loro competenza, ovunque essi siano localizzati, e di gestire l'evoluzione dello stato dei processi sanitari nel tempo.

L'infrastruttura proposta si pone, tra l'altro, l'obiettivo di compatibilità con le soluzioni architetturali regionali già sviluppate, in una visione orientata verso un modello di infrastruttura federata, condivisa a livello nazionale e allineata allo scenario internazionale. A tale proposito, il ricorso a meccanismi di federazione e a standard e tecnologie aperte e internazionalmente accettate risulta indispensabile. Inoltre, il modello proposto recepisce i requisiti infrastrutturali necessari alla realizzazione dell'interoperabilità funzionale e semantica oggetto di progetti nazionali ed europei.

Il modello architetturale dell'infrastruttura del FSE deve essere adeguato a specifiche esigenze progettuali, tra le quali le più importanti sono:

✓ consentire la localizzazione e la disponibilità delle informazioni sanitarie;

✓ supportare adeguatamente i processi sanitari;

✓ supportare la natura federata del SSN;

✓ consentire una facile integrazione con sistemi e infrastrutture preesistenti in maniera tale da renderli interoperabili;

- ✓ essere basato su standard aperti;
- ✓ presentare caratteristiche di scalabilità e modularità, che ne consentano uno sviluppo incrementale e distribuito;
- ✓ fornire caratteristiche di affidabilità, che rendano l'infrastruttura priva di single-point-of-failure;
- ✓ fornire adeguate caratteristiche prestazionali in termini di accessibilità ai documenti e dati sanitari;
- ✓ garantire un elevato livello di sicurezza;
- ✓ essere integrato con il Sistema Pubblico di Connettività (SPC);
- ✓ essere conforme alle indicazioni del Garante della Privacy in materia di sicurezza, riservatezza e accesso ai dati contenuti nel FSE;

L'infrastruttura del FSE deve garantire la consultazione di documenti che lo compongono e la gestione dell'evoluzione temporale degli stessi.

L'infrastruttura tecnologica del FSE deve poter integrare tra loro tutte le strutture che a vario titolo concorrano alla produzione (e/o alla consultazione) di eventi concernenti l'interazione del singolo cittadino con il SSN.

L'infrastruttura dovrà basarsi su un'architettura multi-livello orientata ai servizi SOA (Service Oriented Architecture) di tipo distribuito, che preveda la presenza di punti di erogazione dei servizi detti "nodi", sia di primo che di secondo livello.

I nodi di primo livello (nodi regionali) costituiscono l'infrastruttura di livello nazionale, mentre i nodi di secondo livello (nodi locali) espongono i propri servizi ed informazioni attraverso un nodo di riferimento di primo livello. Si noti che la presenza di nodi di secondo livello è opzionale.

I nodi regionali attraverso le componenti infrastrutturali del FSE che soddisfino i requisiti su elencati devono essere in grado di garantire tutte le funzionalità necessarie al reperimento e gestione delle informazioni. I nodi locali possono essere funzionalmente equivalenti ai nodi regionali (nodi locali completi) o prevedere solo alcune delle componenti infrastrutturali (nodi locali incompleti).

La localizzazione delle informazioni del fascicolo dovrà avvenire attraverso una federazione di registri indice ognuno dei quali sarà parte delle componenti software del singolo nodo regionale. Per ciò che concerne la notifica degli eventi di interesse per gli utenti autorizzati, essa dovrà avvenire mediante meccanismi di publish-subscribe.

Il modello architetturale prevede l'integrazione nel Sistema Pubblico di Connettività per le comunicazioni tra le varie componenti infrastrutturali. Conseguentemente, per ogni nodo regionale è previsto il collegamento mediante una Porta di Dominio (PDD), mentre un nodo locale si espone mediante il nodo regionale.

4.4 I CONTENUTI DEL FSE

Dati Identificativi dell'anagrafica dell'assistito

L'anagrafe dei cittadini rappresenta il fulcro intorno al quale ruotano tutti i processi legati all'assistenza sanitaria. La correttezza e l'aggiornamento dei dati anagrafici e assistenziali relativi ai cittadini per i quali sono erogate prestazioni sanitarie è un prerequisito alla costituzione e alla gestione del Fascicolo Sanitario Elettronico.

I dati anagrafici non fanno parte del FSE ma sono gestiti in archivi separati alimentati dalle anagrafi degli assistiti.

Il raggiungimento di tale obiettivo rappresenta peraltro un contributo importante per la minimizzazione degli errori di identificazione delle persone nelle varie occasioni di contatto con le strutture sanitarie e socio-sanitarie; infatti l'errata identificazione ha implicazioni inerenti il trattamento dei dati personali, oltre a quelle relative alla qualità generale del servizio reso ai cittadini, con probabilità di disguidi tanto maggiore quanto più elevato è il numero di cittadini per i quali è gestito un FSE.

Tra i dati anagrafici è fondamentale in particolare, il Codice Fiscale che rappresenta la chiave univoca di identificazione del cittadino. Il Codice Fiscale viene attribuito esclusivamente dall'Agenzia delle Entrate, che, in caso di necessità, provvede a risolvere i casi di omocodia.

Pertanto i Codici Fiscali delle anagrafiche di riferimento sono quelli risultanti dall'allineamento con il sistema Tessera Sanitaria.

In riferimento a quanto detto è importante riportare all'interno dell'anagrafica del singolo cittadino l'indicazione del "titolare" del dato anagrafico e la sua validità temporale. Per "titolare" si intende l'ente che ha la responsabilità della gestione dei dati (inserimento, eventuale modifica e cancellazione).

Nei casi in cui sia necessario gestire una base dati secondaria, un dato sarà valido se, attraverso un apposito processo, è stato possibile verificarne la correttezza presso la base dati del titolare, attraverso una richiesta all'ente titolare stesso.

Dati identificativi - Descrizione
Codice Fiscale
Cognome (alla nascita)
Nome
Sesso
Data di Nascita
Comune di Nascita
Provincia di nascita
Indirizzo di Residenza
Indirizzo di Domicilio
Data di Decesso (data di chiusura del fascicolo)

Figura 5 - Dati Identificativi - Min. Salute

Dati amministrativi relativi all'assistenza

I dati amministrativi relativi all'assistenza sono costituiti da informazioni amministrative relative alla posizione del cittadino nei confronti del Servizio Sanitario Nazionale, sia con riferimento alla rete d'offerta del SSN che ad altre informazioni, eventualmente correlate specificamente all'organizzazione della Regione di assistenza.

Dati integrativi - Descrizione
ASL Appartenenza
Data Inizio del periodo di assistenza presso la ASL
Data scadenza del periodo di assistenza presso la ASL (valorizzata solo se prevista)
Codice Fiscale Medico
Cognome Medico
Nome Medico
Data Inizio periodo di assistenza presso il medico
Data Fine periodo di assistenza presso il medico (valorizzata solo se prevista)
Tipo Assistenza (generici / pediatri, altro)
Recapiti medico (indirizzo, telefono, etc.)
Altro
Esenzioni e relative eventuale scadenza

Figura 6 - Dati Integrativi - Min. Salute

Documenti sanitari e socio-sanitari

Il Fascicolo Sanitario Elettronico di ciascun assistito viene automaticamente aggiornato, tenendo conto anche dei contenuti informativi già disponibili, con i documenti sanitari e socio-sanitari "certificati", cioè rilasciati dai soggetti del Servizio Sanitario Nazionale (ad es. referti di laboratorio, radiologia e specialistica ambulatoriale) archiviati elettronicamente presso repository dedicati.

Il FSE potrà contenere anche informazioni e/o documenti sanitari relativi ad eventi precedenti alla sua costituzione, ma solo nel caso in cui l'assistito fornisca un consenso specifico.

In particolare, il FSE è costituito da un nucleo minimo di documenti indispensabili che devono essere resi disponibili dal sistema e da documenti integrativi che permettono di ampliare la sfera di utilizzo del Fascicolo stesso a supporto dei differenti percorsi attivati al fine di garantire la continuità assistenziale. Mentre il nucleo minimo deve essere reso disponibile a livello regionale, al fine di garantire la libertà di scelta dell'assistito per l'esercizio del diritto alla cura anche a fronte di eventuali cambi di residenza da una regione all'altra, gli altri documenti possono diventare componente integrativa del Fascicolo in base alle scelte regionali che risentono del livello di maturazione del processo di digitalizzazione o delle politiche regionali maggiormente rivolte verso determinati aspetti.

Documenti nucleo minimo
Referti
Verbali Pronto Soccorso
Lettere di dimissione
Profilo Sanitario Sintetico

Figura 7 - Nucleo Minimo - Min. Salute

La scheda sanitaria individuale è il contenuto informativo dell'applicativo di cartella clinica del MMG/PLS da cui estrarre i dati che compongono il Patient Summary o "Profilo Sanitario Sintetico" il quale rappresenta il documento informatico sanitario che riassume la storia clinica del paziente e la sua situazione corrente. Tale documento è creato ed aggiornato dal MMG/PLS ogni qualvolta intervengono cambiamenti da lui ritenuti rilevanti ai fini della storia clinica del paziente e, in particolare, contiene anche un set predefinito di dati clinici significativi utili in caso di emergenza.

Lo scopo del documento Profilo Sanitario Sintetico è quello di favorire la continuità di cura, permettendo un rapido inquadramento del paziente al momento di un contatto non predeterminato come ad esempio in situazioni di emergenza e di pronto soccorso.

Attraverso il Patient Summary, il MMG/PLS fornisce una veloce ed universale presentazione del paziente sintetizzando tutti e soli i dati che ritiene rilevanti e li rende disponibili a tutti i possibili operatori sanitari autorizzati alla consultazione.

Il Profilo Sanitario Sintetico è quindi un documento:

- ✓ **sintetico**: riporta solo le informazioni essenziali;
- ✓ **con un unico autore**: è creato, aggiornato e mantenuto solo dal MMG/PLS; non può essere creato in maniera automatica a partire dal FSE; è sempre frutto di una valutazione
- ✓ professionale e la frequenza di aggiornamento, che deve essere adeguata, è a discrezione del MMG/PLS;
- ✓ **non clinicamente specializzato**: il contenuto deve essere tale da contribuire alla continuità di cura a prescindere dallo scenario d'uso (Emergenza, Continuità Assistenziale, etc.)
- ✓ **non ha un destinatario predefinito**;
- ✓ **unico**: all'interno del dominio di condivisione documentale del FSE deve esistere un solo Profilo Sanitario Sintetico "valido" per paziente.

In tale scenario, è stata definita la seguente intestazione da prevedere nel Profilo Sanitario Sintetico:

- ✓ **dati anagrafici del paziente;**
- ✓ **dati anagrafici del medico curante (MMG/PLS);**
- ✓ **eventuali nominativi da contattare**

Altri documenti
Prescrizioni (specialistiche, farmaceutiche, ecc..)
Cartelle cliniche di ricovero (ordinario e day hospital)
Bilanci di Salute
Assistenza Domiciliare: scheda, programma e cartella clinica
Piani terapeutici
Assistenza residenziale e semiresidenziale: scheda multidimensionale di valutazione
Erogazione farmaci
Certificati

Figura 8 - Altri Documenti - Min. Salute

Nell'ambito del FSE si può prevedere una sezione riservata al cittadino per offrirgli la possibilità di inserire dati ed informazioni personali (es. dati relativi al nucleo familiare, dati sull'attività sportiva, ecc.), file di documenti sanitari (es. referti di esami effettuati in strutture non convenzionate, referti archiviati in casa), un diario degli eventi rilevanti (visite, esami diagnostici, misure dei parametri di monitoraggio), promemoria per i controlli medici periodici. Questo consente di arricchire il FSE con ulteriori informazioni al fine di completare la descrizione dello stato di salute, ma tali informazioni e/o documenti risulteranno "non certificate".

4.5 STATO DI ATTUAZIONE

Il Fascicolo Sanitario Elettronico ha come obiettivo principale quello di fornire ai medici, e più in generale ai clinici, una visione globale e unificata dello stato di salute dei singoli cittadini, e rappresenta il punto di aggregazione e di condivisione delle informazioni e dei documenti clinici afferenti al cittadino, generati dai vari attori del Sistema Sanitario. Esso contiene eventi sanitari e documenti di sintesi, organizzati secondo una struttura gerarchica paziente-centrica, che permette la navigazione fra i documenti clinici in modalità differenti a seconda del tipo di indagine.

Nell'ambito della sanità in rete, la realizzazione del Fascicolo Sanitario Elettronico rappresenta un salto culturale di notevole importanza il cui elemento chiave risiede nel considerare il FSE, non solo come uno strumento necessario a gestire e supportare i processi operativi, ma anche come fattore abilitante al miglioramento della qualità dei servizi e al contenimento significativo dei costi.

Accanto al Sistema di FSE è opportuno ricordare come sia necessaria l'implementazione dei sistemi di anagrafiche (dei medici e degli assistibili) e degli

43

altri sistemi informatici. La sinergia di tutte le componenti, infatti, permette di sfruttare le potenzialità della sanità in rete realizzando un ventaglio di servizi in grado di incidere in maniera significativa sull'efficacia dell'assistenza in termini di appropriatezza clinica ed organizzativa oltre che sull'efficienza dei processi. Un aspetto importante da considerare riguarda poi il rispetto della privacy e la protezione dei dati personali del cittadino.

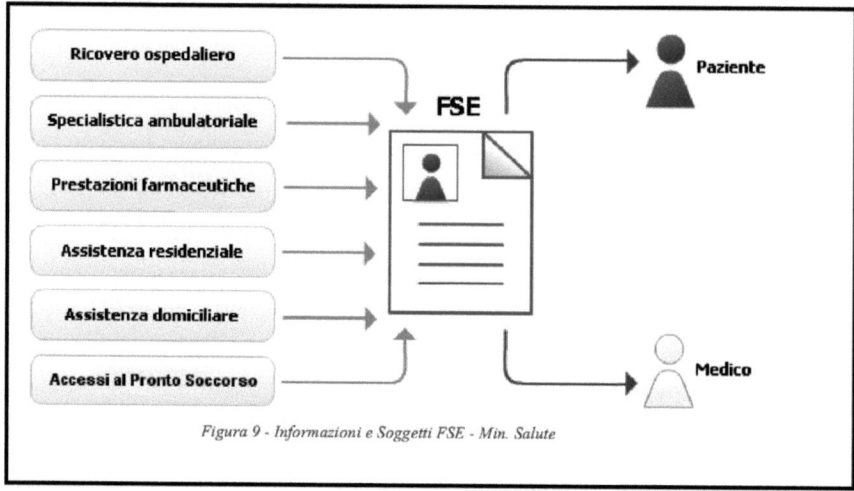

Figura 9 - Informazioni e Soggetti FSE - Min. Salute

Nella Figura **9** - Informazioni e Soggetti FSE - Min. Salute sono riportate le principali tipologie di informazioni che il Fascicolo Sanitario Elettronico raccoglie e rende disponibili al medico e al paziente. Tali tipologie di informazioni riguardano i seguenti ambiti: ricovero ospedaliero; specialistica ambulatoriale; prestazioni farmaceutiche; assistenza residenziale; assistenza domiciliare; accessi al Pronto Soccorso. Il Fascicolo Sanitario elettronico è il punto di aggregazione delle informazioni e dei documenti clinici generati dai vari attori del Sistema Sanitario; esso fornisce quindi una visione globale e unificata dello stato di salute del singolo cittadino.

Il Ministero ha condotto una rilevazione nel luglio 2008 finalizzata ad effettuare una ricognizione dello stato di attuazione dei sistemi informativi regionali alla quale hanno partecipato tutte le Regioni e Province Autonome. Tra queste, si è rilevato che un nucleo ristretto presenta, allo stato della rilevazione, un ottimo livello di maturazione dei propri sistemi informativi. La situazione sul territorio nazionale risulta altresì fortemente differenziata.

In particolare, per quanto riguarda i sistemi di prescrizione elettronica, essi sono integrati con il FSE solamente in 2 Regioni e Province Autonome.

Relativamente alle tipologie di Fascicolo Sanitario Elettronico adottato, si osserva una prevalenza per modelli di tipo federato. In particolare, il **modello federato** è, allo stato della rilevazione, adottato o comunque previsto in 11 Regioni e Province Autonome, mentre, il **modello centralizzato** è adottato, o comunque previsto, in 5 Regioni e Province Autonome.

Il patient summary inoltre risulta essere attivo in 16 Regioni e Province Autonome e in 10 Regioni risulta essere gestito internamente al Fascicolo Sanitario Elettronico stesso.

Con riferimento alle tipologie di strutture che interagiscono con il FSE risulta una copertura, da parte delle Regioni e Province Autonome, rispettivamente del 43% per le ASL, del 62% per le AO e/o presidi ospedalieri e del 19% per gli ambulatori territoriali.

In merito alle tipologie di operatori sanitari che interagiscono con il FSE emerge una copertura, nelle diverse Regioni e Province Autonome del 71% per quanto riguarda i medici di medicina generale e pediatri di libera scelta, del 67% con altri medici del SSN, del 29% per Infermieri e del 5% per i Farmacisti.

Infine, per quanto concerne la tipologie di prestazioni sanitarie che vengono gestite mediante il FSE nelle diverse Regioni e Province Autonome, si rileva una percentuale del 52% per le prestazioni specialistiche ed ospedaliere, un 33% per le prestazioni farmaceutiche, fino al 24% per le prestazioni di pronto soccorso.

Con riferimento ai contenuti informativi gestiti dal FSE, solamente il 43% delle Regioni e Province Autonome dichiara di gestire almeno una parte dei propri contenuti informativi sanitari nell'ambito del FSE. Si rileva, in particolare, una prevalenza dei seguenti contenuti informativi: prescrizioni, prestazioni, referti, lettere di dimissione, area emergenza-urgenza, patologie e cronicità. Risulta invece molto ridotta la gestione di contenuti informativi relativi a vaccinazioni e certificati.

Relativamente alle finalità di utilizzo del FSE da parte degli operatori sanitari, particolarmente diffusa risulta la consultazione della storia clinica del paziente, analogamente alla gestione dei processi di cura. Meno diffusa la finalità di utilizzo del FSE nell'ambito dei percorsi diagnostico-terapeutici.

Al fine di supportare la realizzazione di una cornice normativa unitaria, necessaria alla definizione di un modello di riferimento nazionale, e nel contempo valorizzare i risultati raggiunti a tutti i livelli del SSN, il Ministero della salute nel secondo semestre del 2008 ha istituito un **tavolo interistituzionale** a cui partecipano, oltre ad esperti interni ed esterni del Ministero, rappresentanti del Ministero per la pubblica amministrazione e l'innovazione, referenti regionali ed un rappresentante dell'Autorità Garante per la protezione dai dati personali in qualità di osservatore. Tale Tavolo ha elaborato una proposta normativa che disciplini il FSE a livello nazionale, che è stata inserita nel disegno di legge governativo su proposta del Ministro della salute pro-tempore recante "Delega al Governo per il riassetto della normativa in materia di sperimentazione clinica e per la riforma degli ordini delle professioni sanitarie, nonché disposizioni in materia sanitaria", definitivamente approvato dal Consiglio dei ministri il 10 marzo 2011 e dalla Camera dei Deputati il 28 settembre 2011.

Il tavolo interistituzionale sta procedendo nella predisposizione dello schema di regolamento attuativo che, successivamente all'entrata in vigore della proposta di norma inserita nel disegno di legge suddetto, consentirà di disciplinare i diversi aspetti che attengono l'istituzione e l'utilizzo del Fascicolo Sanitario Elettronico, tra i quali: relativi contenuti, le garanzie e le misure di sicurezza da adottare nel trattamento dei dati personali nel rispetto dei diritti dell'assistito, le modalità ed i livelli diversificati di accesso al Fascicolo.

Il Tavolo, inoltre, ha definito apposite linee guida nazionali per la realizzazione di un Fascicolo Sanitario Elettronico. Esse individuano le caratteristiche del FSE e del patient summary, gli aspetti infrastrutturali e gli standard tecnologici, i livelli di sicurezza e di protezione dei dati, nel rispetto della normativa vigente in materia di privacy. Tale documento è stato oggetto di Intesa da parte della Conferenza Stato-Regioni in data 10 febbraio 2011 ed è stato pubblicato sulla Gazzetta Ufficiale n. 50 del 2 marzo 2011. Il recepimento delle Linee guida nazionali sarà valutato in sede di adempimenti LEA.

Infine con riferimento alle iniziative intraprese a livello europeo, è opportuno ricordare il progetto **epSOS (Smart Open Services for European Patients)**, un'iniziativa, attivata a luglio 2008 e della durata di 36 mesi, finalizzata alla sperimentazione su scala europea del patient summary e della prescrizione elettronica allo scopo di assicurare l'interoperabilità delle soluzioni adottate dagli stati membri. A tale progetto partecipano 12 Stati Membri, tra cui l'Italia.

Al fine di garantire coerenza tra la suddetta iniziativa europea e i progetti in corso a livello regionale è stato sottoscritto, il 9 ottobre 2008, un **protocollo di intesa** tra l'allora Ministero del Lavoro, della Salute e delle Politiche sociali – Settore Salute, oggi Ministero della salute, il Ministero per la Pubblica Amministrazione e l'Innovazione e un consorzio di Regioni, finalizzato alla "sperimentazione di un sistema per l'**interoperabilità europea e nazionale** delle soluzioni di Fascicolo Sanitario Elettronico: componenti patient summary ed ePrescription". Al consorzio, di cui la Regione Lombardia è capofila, partecipano le Regioni Abruzzo, Emilia Romagna, Molise, Sardegna, Toscana, Umbria, la Provincia Autonoma di Trento e l'Agenzia Regionale della Sanità della Regione Autonoma Friuli Venezia Giulia.

5 – CASO DI STUDIO: IL SIS IN IFO

Gli **Istituti Fisioterapici Ospitalieri – IFO** costituiscono l'ente di diritto pubblico che ha il compito di gestire due realtà di rilievo per il territorio romano e per quello nazionale: l'Istituto Nazionale Tumori Regina Elena e l'Istituto Dermatologico San Gallicano, riconosciuti sin dal 1939, Istituti di ricovero e cura a carattere scientifico (IRCCS).

Gli **Istituti Fisioterapici Ospitalieri (IFO)**, che sono il primo Istituto di Ricovero e Cura a Carattere Scientifico di Roma, sono insieme agli altri IRCCS "enti a rilevanza nazionale dotati di autonomia e che operano secondo standards di eccellenza, perseguono finalità di ricerca, prevalentemente clinica e traslazionale nel campo biomedico e in quello dell'organizzazione e gestione dei servizi sanitari, unitamente a prestazioni di ricovero e cura di alta specialità."(*Art. 1- D.L. 288/03*)

Il Regio Decreto del 29 luglio 1926, n.1619, scorporava dal Pio Istituto di Santo Spirito in Sassia l'Ospedale San Gallicano, voluto da papa Benedetto XIII per il Giubileo del 1725, e veniva istituito come Regio Istituto Fisioterapico Ospitaliero. Si trattava del primo atto che costituiva anche un centro studi per applicazioni di terapia fisica e che qualche anno più tardi, con la creazione dell'Istituto Regina Elena destinato alla cura dei tumori, darà luogo agli Istituti Fisioterapici Ospitalieri (IFO). Nel 2006 gli IFO hanno festeggiato gli 80 anni di attività con una mostra fotografica.

L'**Istituto Dermatologico San Gallicano** è monospecialistico in dermatologia, mentre l'**Istituto Nazionale Regina Elena** è per lo studio e la cura dei tumori. Dal 2000 l'ente ha una nuova sede, di architettura avveniristica e con ampi spazi dedicati alla diagnosi e cura delle principali patologie, e con laboratori per le attività di ricerca.

Gli obiettivi strategici del piano di sviluppo degli IFO dal 2002 sono stati indirizzati a qualificare ulteriormente gli Istituti come riferimenti nazionali ed internazionali per la prevenzione, diagnosi, cura e riabilitazione delle patologie oncologiche e dermatologiche, in un contesto di assoluta eccellenza scientifica.

Gli obiettivi operativi sono stati indirizzati ad un'ulteriore propulsione all'umanizzazione, alla razionalizzazione e ottimizzazione dell'offerta ospedaliera, alla valorizzazione dell'attività di ricerca scientifica coniugata all'assistenza clinica, nonché allo sviluppo della qualità totale.

5.1 INTRODUZIONE

L'ICT (Information and Communication Technology) è oggi, come confermato anche dal Piano "**Piano E-Government 2012**", elemento centrale dello sviluppo futuro del Sistema Italia dove la Sanità, per dimensioni e problematiche, rappresenta uno degli elementi più complessi da riorganizzare.

Tale complessità organizzativa, non può che partire dagli strumenti che oggi l'ICT è in grado di poter mettere al servizio e, primo tra tutti, il Fascicolo Sanitario Elettronico.

Tale strumento tuttavia, realizzabile a livello tecnologico, incontra un notevole ostacolo di natura semantica legata ad una disomogeneizzazione degli standard di riferimento.

A tal proposito, il Ministero della Salute ha avviato, in collaborazione con Servizi Sanitari Regionali, l'Istituto di Fisiologia Clinica del CNR, IHE Italia, HL7 Italia e l'AISIS, nella seconda metà del 2007 un progetto pilota che ha visto il coinvolgimento di alcune Regioni:

- Toscana
- Sicilia
- Lombardia
- Veneto
- Emilia Romagna
- Friuli Venezia Giulia

per la definizione degli standard comuni applicabili al Fascicolo Sanitario Elettronico definiti come 'patient file'.

In questo scenario, per poter integrare i dati di un paziente di una singola struttura Sanitaria, in un quadro più generale in divenire, occorre che la singola Struttura sia in grado di poter alimentare il Fascicolo Sanitario Personale; tale necessità può essere realizzata tramite la Cartella Clinica Sanitaria Digitale.

La Cartella Clinica Sanitaria Digitale è un bene di straordinaria importanza che si incentra sul bisogno assistenziale del cittadino evidenziato dai Piani Sanitari nazionali e regionali.

Essa consente una razionalizzazione dei flussi informativi, la progressiva de-materializzazione del cartaceo ed aggregabilità del dato in molteplici forme, l'integrazione di informazioni cliniche organizzative ed economiche tra Strutture Sanitarie diverse, la possibilità di creare un portale efficace con informazioni pratiche ed estraibilità delle informazioni (referti,cure) direttamente tramite Web e la realizzazione, in un'ottica del tutto nuova, di un notevole risparmio in termini ambientali; si pensi ad esempio alle emissioni di Anidride Carbonica che ogni spostamento (e nel caso degli IFO gli stessi avvengono anche da Regioni Diverse) comporta per il ritiro della propria cartella.

Il Piano Sanitario 2010 – 2012 della Regione Lazio evidenzia come la raccolta sistematica delle informazioni cliniche mediante cartella clinica informatizzata sia un prerequisito indispensabile al fine di condividere il processo assistenziale del paziente e per la valutazione di qualità delle cure erogate. Questo strumento di condivisione diviene ancor più importante laddove si ragioni in una logica di rete come del resto previsto nella programmazione sanitaria del Lazio.

Per la rete oncologica, il Piano Sanitario richiamato, prevede di affidarne il **coordinamento, gli indirizzi strategici e le verifiche periodiche** sul grado di raggiungimento degli obiettivi prefissati a Lazio Sanità; agenzia di Sanità Pubblica e agli **IFO**.

L'Istituto Tumori Regina Elena, polo oncologico regionale, cura la realizzazione di sinergie clinico-assistenziali, di formazione e di ricerca e ha anche il compito di **coordinare gli interventi degli hub di secondo livello**.

All'**Istituto dermatologico San Gallicano** è affidato altresì **il coordinamento della rete per la parte di oncologia dermatologica**.

Lo scopo condiviso con le Direzioni Strategiche IRE ISG è quello di predisporre una infrastruttura tecnologica atta alla realizzazione di una cartella clinica che raccolga le informazioni **già esistenti**, sia cartacee che informatizzate, e mettere a disposizione dell'utente e delle strutture sanitarie hub e spoke da esso autorizzate, secondo standard di validità medico-legale dei documenti.

5.2 CASO DI PUBBLICAZIONI DI IMMAGINI

Con l'introduzione dei sistemi informatizzati per la prenotazione delle procedure radiologiche è nato il concetto di RIS (Radiology Information System) quale strumento organizzativo e gestionale della attività radiologica. Il vero significato dello strumento RIS è apparso più chiaro e basilare nella fase di introduzione di Sistemi di Gestione e Archiviazione delle Immagini (PACS), dove il RIS stesso si è posto quale funzionalità necessaria ed imprescindibile nella progettazione e gestione del workflow radiologico; si può dire che addirittura la necessaria riorganizzazione o reingegnerizzazione del workflow dei reparti di imaging sia direttamente gestita da tali programmi applicativi. Tale capacità gestionale del RIS viene esaltata nella adeguata creazione di interfacce con i diversi sistemi PACS e proprio in questa fase di progettazione ed implementazione si sono ottenuti i più grandi successi o le maggiori delusioni. Per tale motivo praticamente tutte le ditte fornitrici di sistemi PACS sono state costrette a munirsi ciascuna di un proprio sistema RIS più o meno valido ma comunque perfettamente interfacciato secondo i più moderni standard comunicativi attualmente rappresentati dalla Standard DICOM. Gli obiettivi principali degli I.F.O., relativamente a questo progetto, sono stati quelli di effettuare l'aggiornamento dell'infrastruttura tecnologica e del sistema informatico dell'Ente, ai fini di migliorare le attività socio sanitarie ed il contenimento dei costi, di realizzare un sistema informatico di gestione delle immagini digitali prodotte dalle UU.OO. di Radiologia e Diagnostica per Immagini e di Medicina Nucleare, allo scopo sia di ridurre progressivamente la stampa delle pellicole ("filmless") che di migliorare l'organizzazione complessiva del servizio, ed infine di migliorare la comunicazione tra unità operative in termini di circolazione di immagini radiologiche digitali sia all'interno delle stesse unità, sia all'interno di servizi critici come sale operatorie e terapie intensive. Il progetto ha previsto, pertanto, la fornitura di un sistema PACS completamente integrato con un RIS, con archivio elettronico logicamente unico al quale fanno riferimento adeguati sistemi di visualizzazione. Il sistema PACS, implementato nelle UU.OO. di Radiologia e Diagnostica per Immagini e Medicina Nucleare, si è quindi posto, nel giro di otto mesi dalla data di avvio del progetto, come unico sistema per la gestione, archiviazione e trasmissione di immagini prodotte nelle UU.OO. precedentemente citate ed in tutte le altre Unità Operative caratterizzate dal trattamento di immagini. In particolare, il sistema PACS è unico per tutte Unità Operative facenti parte dell'Area di Diagnostica per Immagini dell'Ente (Medicina Nucleare, Radiologia e Diagnostica per Immagini, Radioterapia).

I requisiti fondamentali del progetto sono stati:

✓ La fornitura ed installazione di un sistema PACS a completa integrazione con il RIS attualmente presente nella Medicina Nucleare e con un nuovo RIS per la componente Radiologica e Radioterapia;

✓ La realizzazione di un'interfaccia con l'anagrafe aziendale integrata nell'attuale sistema ADT in uso.

✓ La realizzazione di un sottosistema di archiviazione delle immagini in forma digitale, per poterle conservare legalmente, trasmetterle in remoto, elaborarle, e "refertare" in ogni momento, rendendole disponibili a qualunque unità operativa, ed eventualmente da Internet, in modalità sicura;

✓ L'ottimizzazione nell'impiego e nell'organizzazione delle risorse umane e l'incremento dell'efficienza nell'utilizzo delle tecnologiche nelle UU.OO. di Radiologia e Diagnostica per Immagini e Medicina Nucleare;

✓ Il miglioramento della comunicazione tra unità operative in termini soprattutto di circolazione di immagini radiologiche digitali;

✓ L'ottimizzazione dei processi di diagnosi e terapia basati sulle immagini diagnostiche; la riduzione progressiva del consumo di pellicole radiografiche (filmless).

L'ipotesi progettuale ha contemplato:

▪ L'elaborazione e l'attivazione di un sistema PACS che gestisca l'acquisizione, la distribuzione e l'archiviazione, di tutte le immagini prodotte presso le UU.OO. di Radiologia e Diagnostica per Immagini e Medicina Nucleare;

▪ la distribuzione elettronica dei referti e delle immagini ai reparti di degenza, alle Sale Operatorie, ed alle terapie intensive, ubicate presso gli IFO.

▪ L'adozione di idonee misure di sicurezza e di firma digitale;

▪ La transizione assistita verso un ambiente filmless.

L'introduzione del sistema PACS installato presso le UU.OO. di Radiologia e Diagnostica per Immagini e Medicina Nucleare è stato innanzitutto un efficace supporto dell'attività delle unità operative di diagnostica per immagini, ed inoltre ha definito la base per un percorso di reingegnerizzazione e di certificazione dei processi e di revisione organizzativa che metta in atto le soluzioni più efficaci dal punto di vista clinico, organizzativo e gestionale dell'Ente.

L'Ente è riuscita pertanto a conseguire, attraverso questo sistema integrato, i seguenti obiettivi:

✓ razionalizzare l'archivio radiologico e ridurne i costi di gestione, e gli spazi occupati, migliorando l'affidabilità e la sicurezza delle informazioni e favorendo un utile interscambio sia con gli utenti che con le altre unità operative dell'Ente;

✓ ottimizzare le risorse ed i costi di gestione delle UU.OO. di Radiologia e Diagnostica per Immagini e Medicina Nucleare;

✓ migliorare la qualità delle immagini diagnostiche;

✓ ridurre al minimo indispensabile il consumo delle pellicole radiografiche;

✓ razionalizzare la gestione delle immagini in modo da agevolare la refertazione nei reparti di Radiologia e Diagnostica per Immagini e Medicina Nucleare ;

✓ ottimizzare la distribuzione dei dati radiologici all'interno della struttura, migliorando la comunicazione tra unità operative in termini soprattutto di circolazione di immagini radiologiche digitali.

Nell'ottica della gestione del workflow radiologico, le caratteristiche funzionali del sistema RIS installato si possono raggruppare in questo elenco di applicativi:

✓ Gestione della registrazione degli esami: tale funzionalità comprende la gestione anagrafica dei pazienti, l'immissione delle richieste, le prenotazioni e le fatturazioni degli esami.

✓ Gestione operativa dell'esame: in tale insieme di applicativi sono comprese la gestione della worklist e del workflow, l'accettazione del paziente, l'esecuzione dell'esame e la successiva refertazione.

✓ Gestione storica degli esami: ovvero archiviazione e distribuzione dei precedenti, oltre che la computazione di statistiche rilevanti.

✓ Gestione tecnica e applicativa: questa funzione prevede tecnologie cruciali per la sicurezza e la privacy dei dati trattati, e per la configurazione e l'aderenza agli standard delle apparecchiature usate.

Tra tutte questa funzionalità particolare importanza hanno la gestione della worklist, la gestione del workflow, la refertazione e l'archiviazione. La gestione della worklist nasce dalla necessità, per una migliore chiarezza e facilità di utilizzo, che tutte le fasi relative alla lavorazione partano da una lista ordinata in cui siano presenti tutte le informazioni necessarie alla gestione operativa dell'esame, secondo impostazioni di default unite a modalità di ricerca potenti e flessibili. La worklist è uno strumento potente di lavoro a disposizione di ogni singolo utilizzatore all'interno del servizio e configurabile dallo stesso, per potersi servire dello strumento secondo sue modalità standard di lavoro e secondo modalità particolari per una determinata problematica.

La gestione del workflow è un'importante funzionalità che permette di rilevare real-time la fase lavorativa di ogni prestazione schedulata, utilizzando le definizioni di "status" accettate per il protocollo Dicom (ai fini dell'integrazione con i sistemi PACS). Tramite questa funzione il RIS si interfaccia direttamente con le apparecchiature di acquisizione delle immagini e rileva istantaneamente lo step del workflow di un esame.

6 - CONCLUSIONI

L'introduzione di Sistemi Informativi nella Sanità, in particolare per la gestione delle immagini radiologiche, sta permettendo un notevole risparmio economico. Si va verso la sostituzione delle lastre radiografiche con immagini digitali. La refertazione non avverrà più sul diafanoscopio ma direttamente a monitor e le radiografie non verranno più consegnate ai pazienti esterni, ma verrà prodotto un CD con all'interno tutti i dati relativi all'esame radiologico (immagini e referto). Se si pensa che ogni lastra costa mediamente 3 euro l'una e che per ogni esame spesso vengono stampate più lastre (fino a 15) mentre il cd ha un costo di soli 50 cent/euro, si fa presto a fare dei conti sul notevole risparmio. Queste innovazioni che prendono il nome di e-healthcare stanno producendo in tutto il mondo una nuova era, fondata sull'integrazione dei processi amministrativi, organizzativi e clinici tra le diverse strutture sanitarie e sull'avvio di reti regionali sanitarie, a supporto di modelli organizzativi innovativi, che promuovono la continuità delle cure e la centralità del paziente/cittadino. Si diffondono i sistemi di supporto all'ospedalizzazione domiciliare, le reti per patologia, i portali istituzionali, la telemedicina. Tuttavia questo processo sta producendo una costante crescita del bisogno di governare queste enormi moli di dati, sia dal punto di vista clinico sia amministrativo, per evitare un'entropia informativa con il conseguente rischio di collasso del sistema "salute" con il rischio di poter incorrere in una sovraesposizione mediatica del clinico. Bisogni come la necessità di ridurre i costi, e di conseguenza di incrementare il controllo di gestione, e di estrarre in modo semiautomatico informazioni cliniche nascoste in GB di dati di un paziente, portano alla necessità di realizzare sistemi di data warehousing altamente sofisticati basati su alti livelli di interoperabilità.

Proprio in questa ottica il profilo di integrazione Cross-Enterprise Document Sharing (XDS), dopo mesi di test, si è rilevato molto efficacie e ha portato interessanti e promettenti risultati. Innanzitutto XDS si basa sulla tecnologia ebXML (electronic Business XML), un sistema utilizzato nelle transazioni bancarie / elettroniche, quindi robusto e collaudato, in più l'ebXML risulta flessibile e facilmente scalabile. Questo profilo di integrazione permette di pubblicare o condividere qualsiasi tipo di documento, testo, immagini, video ecc. In ogni transazione viene spedito sempre un *metadata* e il documento stesso. In questo modo è possibile inserire nel metadata informazioni aggiuntive quali autore, data o una descrizione. Oltre a ciò inviando dati semi-strutturati o strutturati quali referti medici, si riesce ad effettuare ricerche non solo specifiche sul particolare documento ma ad avere dati raggruppati e quindi fare datawarehouse efficacie ed efficiente. La sperimentazione effettuata ha permesso di evidenziare alcuni punti molto promettenti per lo sviluppo dei futuri sistemi di business intelligence basati su datawarehousing. In particolare la possibilità di disaccoppiare i sistemi produttori di dati, quali ad esempio i sistemi dipartimentali di Laboratorio (LIS) o di Radiologia (RIS/PACS) permette di eseguire notevoli e pesanti elaborazioni sui dati senza pesare sull'operatività di questi sistemi clinici. Inoltre la possibilità di gestire in modo trasparente il formato dei dati permette di avere nello stesso strumento (Registry) dati di natura completamente diversa e ricercare lo stesso dato clinico in un filmato, piuttosto che in una immagine o in un referto di laboratorio per poterlo "incrociare" efficacemente. Inoltre lo sviluppo in questi ultimi cinque anni della diffusione dei profili IHE permette di avere dei sistemi interoperabili a costi molto ridotti e con una bassa necessità di customizzazione locale. Si può quindi concludere sottolineando che l'avvento di standard internazionali nel campo dei servizi di comunicazione come IHE e per la strutturazione dei dati, quali HL7 e DICOM, permetteranno di realizzare dei sistemi di datawarehousing che sempre di più si appoggeranno al fascicolo sanitario personale del paziente, con un salto di qualità clinico che ad oggi è difficile prevedere.

Bibliografia

§ Primicerio Bruno (2011). Il servizio sanitario nazionale. Struttura, organizzazione e modelli gestionali. Pozzi edizioni

§ P. Mastellaro (2005). Da sudditi a cittadini: il tempo nella pubblica amministrazione in transizione.

§ M. Bergamaschi (2000). L'organizzazione nelle aziende sanitarie. Ed. Mc Graw-Hill

§ M. Del Vecchio, E.Cosmi (2003). Il risk management nelle aziende sanitarie. Ed. Mc Graw-Hill

§ L. Buccoliero, C. Caccia, G. Nasi (2002). Il sistema informativo automatizzato nelle aziende sanitarie. Ed. Mc Graw-Hill.

§ D.Luzi, F.L.Ricci (2003) Analisi delle esperienze e dei progetti di Information & Communication Technology in Sanità:primi risultati.

§ AGENZIA PER L'ITALIA DIGITALE http://www.digitpa.gov.it/

§ Codice in materia di protezione dei dati personali – ALL. B. Disciplinare tecnico in materia di misure minime di sucurezza (Artt. da 33 a 36 del Codice)

§ HL7 Clinical Document Architecture, Release 2.0, http:/xml.coverpages.org/CDA-20040830v3.pdf

§ IHE EUROPE http://www.ihe-europe.net/

§ Health Informatics, European Committee for Standardization, Brussels, Belgium, July 2004.

§ Il Fascicolo Sanitario Elettronico Linee guida nazionali – Ministero della Salute – 11/10/10

§ Lo Standard DICOM http://medical.nema.org/

§ Distante A, C. D., Corucci M, Petri C, Fernandez A (1998). "DICOM, the standard that works." the DICOM Group at the University of Pisa.

§ LINEE GUIDA PER IL DISASTER RECOVERY DELLE PUBBLICHE AMMINISTRAZIONI ai sensi del comma 3, lettera b) dell'art. 50-bis del DLgs. N. 82/2005 e s.m.i.

§ I SISTEMI DI GOVERNANCE DEI SERVIZI SANITARI REGIONALI – Quaderno Formez n. 57

§ Health Level Seven International – http://www.hl7.org